Exposition universelle de 1867,
A PARIS.

SEINE-ET-OISE.

TRAVAUX DU COMITÉ

ET

EXPOSANTS DU DÉPARTEMENT.

RAPPORT

Rédigé et publié conformément à la décision du Bureau du Comité
de Seine-et-Oise, par l'un de ses Secrétaires,

RICHARD DE JOUVANCE,

INGÉNIEUR CIVIL,

Chevalier de la Légion-d'Honneur, Membre et Secrétaire de plusieurs
Sociétés agricoles et scientifiques, etc.

VERSAILLES,

Ch. DUFAURE, imprimeur du Comice agricole, etc., etc.,
rue de la Paroisse, n. 21.

1870.

Exposition universelle de 1867,
A PARIS.

SEINE-ET-OISE.

TRAVAUX DU COMITÉ

ET

EXPOSANTS DU DÉPARTEMENT.

RAPPORT

Rédigé et publié conformément à la décision du Bureau du Comité
de Seine-et-Oise, par l'un de ses Secrétaires,

RICHARD DE JOUVANCE,

INGÉNIEUR CIVIL,

Chevalier de la Légion-d'Honneur, Membre et Secrétaire de plusieurs
Sociétés agricoles et scientifiques, etc.

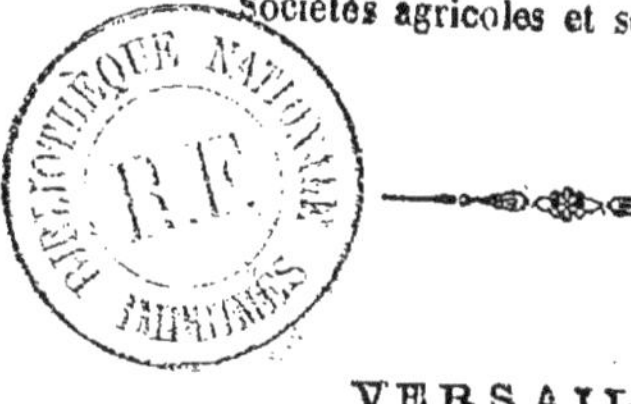

VERSAILLES,

Ch. DUFAURE, imprimeur du Comice agricole, etc., etc.,
rue de la Paroisse, n. 21.

1870.

1871

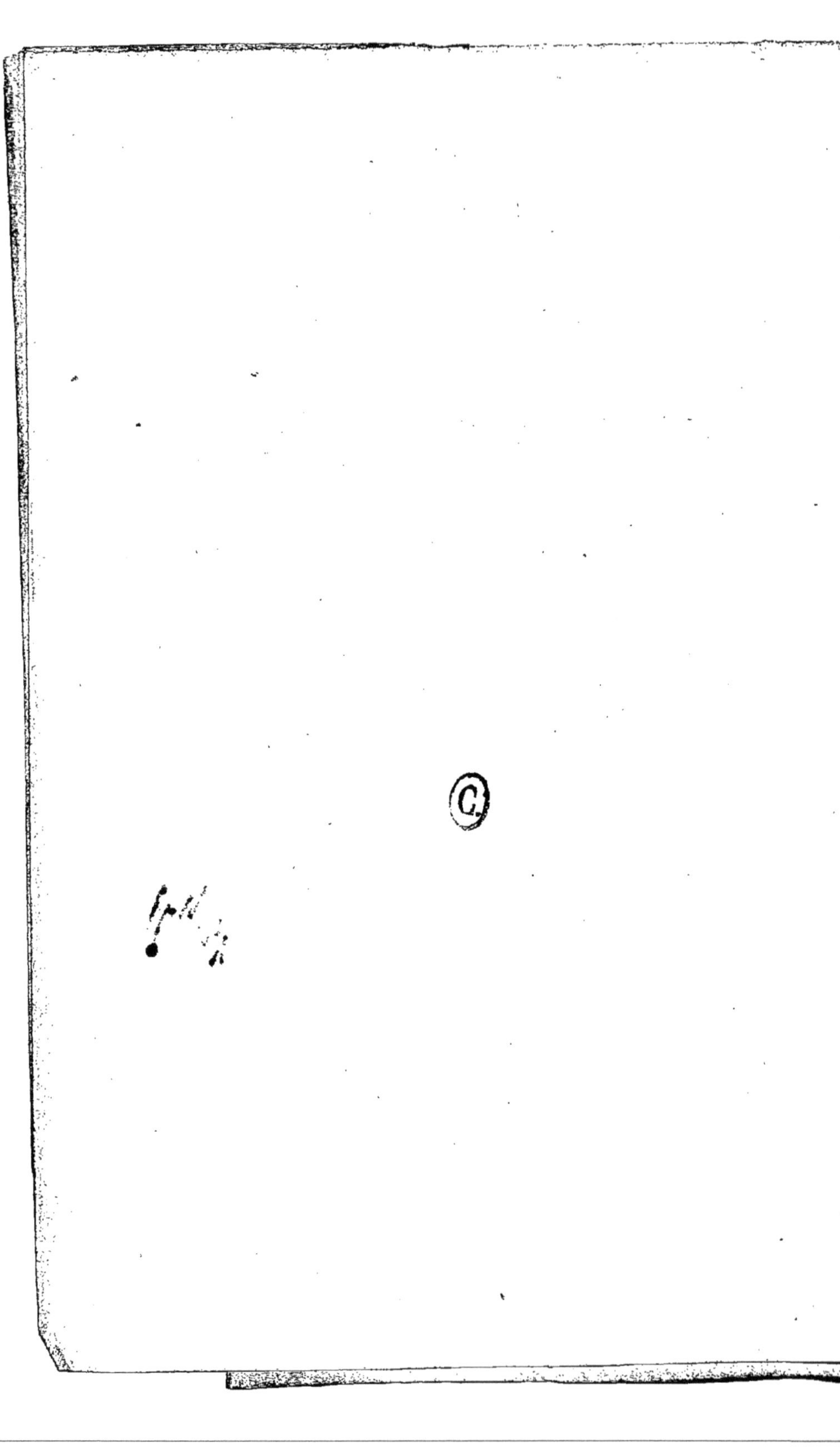

Dans sa dernière réunion, le 11 juillet 1868, le Bureau du Comité de Seine-et-Oise a reconnu que les comptes des recettes et des dépenses que lui soumettait M. le Trésorier se soldaient par un encaisse de plus de 1,800 francs.

Par une instruction de février 1867, la Commission impériale avait rappelé au Comité qu'aux termes de l'article 3 du règlement général l'une des fonctions attribuées aux Comités départementaux était « d'instituer une Commission de savants, d'agriculteurs, de manufacturiers, de contremaîtres et autres hommes spéciaux pour faire une étude particulière de l'Exposition universelle et pour publier un Rapport sur les applications qui pourraient être faites dans le département des enseignements qu'elle aurait fournis. »

Voulant satisfaire à cette obligation, le Comité de Seine-et-Oise prit les dispositions mentionnées dans sa circulaire du 19 juillet 1867. Il ne put réaliser que la première de ces dispositions, celle qui avait pour but l'envoi à l'Exposition d'*ouvriers-délégués*. Presque tous les membres du Comité, dont le groupement par capacité spéciale pouvait faire espérer de répondre à la seconde partie des désirs exprimés par la Commission impériale, déclinèrent leur coopération et l'œuvre du Rapport technique échoua.

C'est en présence de cette situation, et réduit à lui-même, que le Bureau songea à faire emploi du reliquat de ses recettes à la publication des travaux du Comité et d'un état, aussi complet que possible, des exposants et des récompenses de l'Exposition universelle qui se rattachaient exclusivement au département de Seine-et-Oise, en y ajoutant, d'après les documents officiels, une explication sommaire de l'objet pour lequel la récompense avait été décernée et l'appréciation du Jury.

Pensant ne pouvoir faire mieux, pénétré de l'utilité de cette statistique qui établirait d'une manière authentique la part intéressante et honorable que le département de Seine-et-Oise avait prise à la grande Exposition internationale de 1867, le Bureau du Comité décida d'affecter à ce travail toutes les ressources dont il disposait et de confier le soin de sa rédaction à M. Richard de Jouvance, ingénieur civil, secrétaire du Comité, qui voulait bien accepter la tâche de compulser les nombreux documents officiels dans lesquels étaient disséminés les matériaux d'un pareil compte-rendu et d'en former méthodiquement un rapport substantiel.

La publication de ce rapport a été retardée au grand regret de la Commission et de son Secrétaire-rédacteur par des circonstances imprévues; en raison de sa destination et du but à remplir un pareil retard ne peut, même aujourd'hui, en amoindrir l'importante utilité.

ORGANISATION DU COMITÉ.

Par arrêté en date du 23 août 1865, S. Exc. M. le Maréchal Ministre de la Maison de l'Empereur et des Beaux-Arts, Vice-Président de la Commission impériale de l'Exposition, a nommé membres du Comité départemental de Seine-et-Oise :

MM.

Baroche (Ernest), propriétaire-cultivateur à Juziers.

Barré, adjoint au maire d'Etampes.

Baudry, maître de forges, maire d'Athis-Mons.

Bélier, maire de Méry-sur-Oise.

Bella, directeur de l'Ecole impériale d'agriculture de Grignon.

Biétry, fabricant de châles-cachemire à Villepreux.

Blondel, architecte du département, à Versailles.

Castor, ingénieur civil, manufacturier à Mantes.

Darblay (Paul), meunier, maire à Corbeil.

Daurier (le baron), direct. de la bergerie impériale de Rambouillet.

Decauville (Amand), agriculteur, maire d'Evry-sur-Seine.

Desnos, ingénieur civil à Montfermeil.

Dessus, chef du cabinet et de la division du secrétariat à la Préfecture.

Dufresne (Henri), sculpteur et chimiste à Etampes.

Dujoncquoy, fabricant de Bonneterie à Sainte-Mesme.

Duverger, ingénieur en chef des ponts et chaussées.

Feray, manufacturier à Essonnes.

Fremy, chimiste, président honoraire de la Société d'agriculture.

Fréville (Prosper), agriculteur, maire à Soindres.

Gaillardet (Frédéric), publiciste au Plessis-Bouchard.

Gautier, directeur de l'usine métallurgique de Persan.

Gratiot (Amédée), directeur de la papeterie d'Essonnes.

Hardy, directeur du potager impérial de Versailles.

Herliez, horloger de précision à Versailles.

Heuzé, inspecteur général adjoint de l'agriculture.

Joly (T), constructeur-mécanicien à Argenteuil.

1*

MM.

Jourdier (Auguste), agronome à Versailles.

Mantin, fabricant de chaussures à Arpajon.

Marquis (Jules), maire de Brétigny, membre du Conseil-Général.

Michaux, agriculteur-distillateur à Bonnières.

Michelez, filateur à Lardy.

Morizot, directeur d'usine, maire de Bray-Lû.

Moulin (comte du), ingénieur des ponts et chaussées à Etampes.

Neppel, fabricant de produits chimiques à Pontoise.

Padoue (duc de), vice-président du Conseil-Général.

Pasquier, vice-président du Comice agricole.

Pernelle, ingénieur civil à Napoléon-Saint-Leu.

Philippe, ingénieur des ponts et chaussées à Corbeil.

Pluchet, agriculteur-distillateur à Trappes.

Pourtalès (comte de), propriét.-agric., maire à St-Cyr-sous-Dourdan.

Richard de Jouvance, ingénieur civil à Versailles.

Rousseau (Lucien), agriculteur, maire à Angerville.

Soullé, conservateur-adjoint du musée de Versailles.

Sainte-Beuve (Jules), memb. de la chamb. cons. d'agric., à Louvres.

Selve (marquis de), membre du Conseil-Général, maire de Cerny.

Seré-Depoin, banquier, maire de Pontoise.

Tétard, (Armand), agriculteur-distillateur à Tremblay.

Dans sa séance du 3 octobre 1865, le Comité départemental, réuni en assemblée générale, a procédé à la constitution de son Bureau.

Ont été élus :

M. le duc de Padoue, *président.*

MM. le Comte de Pourtalès — et Duverger, *vice-présidents.*

MM. Richard de Jouvance, — Gratiot (Amédée), — Joly (T.), — et Dessus, *secrétaires.*

M. Seré-Depoin, *trésorier.*

TRAVAUX DU COMITÉ.

APPEL AUX PRODUCTEURS.

Une Exposition universelle des produits de l'agriculture et de l'industrie et des œuvres d'art de toutes les nations aura lieu à Paris, en 1867.

Le Gouvernement de l'Empereur, expression la plus élevée du pratriotisme français pour le développement moral et matériel des peuples, veut que cette exhibition dépasse encore en splendeur et en vulgarisation utile celles de 1855 et de 1862 qui, à Paris et à Londres, ont si puissamment contribué à élever le niveau des connaissances humaines.

La Commission impériale instituée pour réaliser cette noble aspiration, n'a pas voulu, en ce qui concerne la manifestation nationale de nos intelligents producteurs, se réserver le mérite et l'honneur de l'avoir seule favorisée. Groupant autour d'elle, pour le succès de l'œuvre commune, autant de Comités dévoués que la France compte de départements, elle leur a confié la mission :

1° De renseigner les producteurs sur les mesures générales qu'elle avait adoptées ;

2° De rechercher et d'amener à se produire, dans le délai accordé, les adhésions utiles à l'éclat de la solennité de 1867 ;

3° De faire étudier l'Exposition au point de vue

des enseignements applicables à leur région et de publier ces études spéciales ;

4° De créer par voie de souscription libre un fonds destiné à facilité la visite de l'Exposition aux plus capables contre-maîtres et ouvriers de leurs principales industries agricoles et manufacturières, et à couvrir les frais de publicité et de rapport que les Comités vont avoir à faire.

Le Comité de Seine-et-Oise mettra le plus grand zèle à accomplir, pour l'époque assignée, les actes de sa mission. Par une noble solidarité d'intérêts et d'amour-propre bien entendu, chacun ne s'empressera-t-il pas de les lui faciliter pour arriver à mettre une fois de plus en évidence — dans leurs derniers et intelligents perfectionnements — les richesses qui distinguent notre beau département?

En ce qui touche l'agriculture, — notre plus beau fleuron, — est-il nécessaire de rappeler le succès hors ligne qu'obtenait en 1862, l'Exposition collective de nos produits agricoles réunis et si bien présentés par notre actif Comice départemental, pour douter de l'initiative de ses efforts dans le but d'en organiser une nouvelle encore plus splendide ; — aucun cultivateur éclairé ne voudra lui faire défaut dans ce grand tournoi économique.

Existe-t-il dans le monde entier une minoterie qui puisse rivaliser avec nos moulins à blé ? — Ne voyons-nous pas d'ici les admirables farines de nos habiles meuniers de Seine-et-Oise éclater de blancheur sous leurs vitrines et se distinguer par la rare perfection de leurs issues?

Notre bergerie impériale de Rambouillet, nos autres magnifiques troupeaux de Mérinos pur, Dishley-mérinos, Southdown, etc..., ne vont-ils pas figurer encore au premier rang de l'Exposition sous le rapport de la finesse, de la longueur et de la solidité de leur laine, comme sous celui de la qualité et de la quantité de viande qu'ils livrent à la consommation?

Devons-nous rappeler que, sous le rapport industriel, notre département compte 418 établissements principaux, où plus de 11,000 ouvriers fabriquent une variété de produits qui accusent ce degré particulier de progrès, de perfection et de goût exquis, dont le rayon de Paris a le privilège?

L'horticulture de Seine-et-Oise ne prouve-t-elle pas, à chacune de ses expositions de printemps et d'automne, qu'elle triomphe en reine dans cette branche si utile et si gracieuse du bien-être social? — Quel ravissant cadre notre Exposition départementale est en droit d'attendre de ses merveilleux produits?

Toutes ces *Villas* éparses sur nos collines délicieuses, ne sont-elles pas l'œuvre, le champ de travail et de repos de la plupart de ces artistes dont se glorifie la France, et qui payeront certainement à Seine-et-Oise son hospitalité en s'inscrivant sous sa bannière?

Le Comité départemental, plein de confiance dans

la généralité de ce mouvement patriotique et généreux, se déclare en permanence pour le soutenir et le développer s'il était nécessaire. Que tous les producteurs de Seine-et-Oise, à quelque classe de l'Exposition qu'ils appartiennent, s'adressent donc à lui avec l'assurance du meilleur concours et du plus empressé dévouement, si les formules de demande d'admission et les autres documents publiés par la Commission impériale, joints à cet appel, lui paraissaient insuffisants ou exiger des explications utiles à leurs intérêts.

Les membres du Comité de Seine-et-Oise en se cotisant spontanément pour créer le premier fonds nécessaire à ses opérations d'intérêt départemental, ont lieu de compter sur le secours des souscriptions municipales, des associations agricoles, horticoles, commerciales, manufacturières, artistiques, etc., comme sur le concours pécuniaire de toutes les personnes qui veulent « s'associer à l'œuvre d'émancipation signalée par l'Empereur dès le 30 mars 1852 » en faveur des classes laborieuses et de la richesse publique.

Le Comité sera heureux de pouvoir inscrire en tête du rapport qu'il doit publier les noms de tout les souscripteurs.

Versailles le 3 Octobre 1865.

Au nom du Comité départemental de Seine-et-Oise.

L'un des secrétaires,   Le Président,

RICHARD DE JOUVANCE.   DUC DE PADOUE.

LISTE DES SOUSCRIPTEURS

au fonds départemental qui a permis au Comité de subvenir
aux frais de ses Opérations.

———

Nota. — Cette liste ne comprend que les souscripteurs qui ont ef-
fectué le versement du montant de leur souscription.

§ 1er. — MEMBRES DU COMITÉ.

MM. Padoue (duc de), à Courson-Launay, *président.*

Pourtalès (comte de), à Saint-Cyr-
sous-Dourdan, *vice-président.*

Duverger, ingénieur en chef des
ponts et chaussés, à Versailles, *vice-président.*

Richard de Jouvance, ingénieur
civil à Versailles, *secrétaire.*

Gratiot (Amédée), à Essonnes, *id.*

Joly (T.), construct.-mécanicien à Argenteuil, *id.*

Dessus (A.), chef de division à la Préfecture, *id.*

Seré-Depoin, maire à Pontoise, *trésorier.*

Baroche (Ernest), à Juziers.
Barré, à Étampes.
Baudry, à Athis-Mons.
Bélier, à Méry-sur-Oise.
Bella, à Grignon.
Blondel, à Versailles.
Castor, à Mantes.
Darblay (Paul), à Corbeil.
Daurier (le baron), à Rambouillet.

MM. Decauville (Amand), à Evry-sur-Seine.
Desnos, à Montfermeil.
Dufresne (Henri), à Étampes.
Dujoncquoy, à Sainte-Mesme.
Feray père, à Essonnes.
Gaillardet (Frédéric), au Plessis-Bouchard.
Gautier, à Persan.
Hardy, à Versailles.
Herliez,   id.
Heuzé (G.),   id.
Jourdier (A.), id.
Mantin, à Arpajon.
Marquis (Jules), à Brétigny.
Michelez, à Lardy.
Michaux (J.), à Bonnières.
Morisot, à Bray-Lû.
Neppel, à Pontoise.
Pasquier père, à Versailles.
Pernelle, à Napoléon-Saint-Leu.
Philippe, à Corbeil.
Pluchet (E.), à Trappes.
Soulié, à Versailles.
Sainte-Beuve (Jules), à Louvres.
Selves (marquis de), à Cerny.
Tétard (Armand), au Tremblay.

§ 2. — SOUSCRIPTEURS DIVERS.

Arrondissement de Versailles.

MM. Dax (Victor-Stanislas),   à Versailles.
Bourbon (Édouard-Louis),   id.
Bourgeois (Jean-François),   id.

MM. Metcalf, à Meulan.

La commune de Maule.

Gilbert (Victor), à Wideville.

La Société impériale d'Agriculture et des Arts de Seine-et-Oise.

Trotry-Latouche, à Rueil.

La ville de Saint-Germain-en-Laye.

Arrondissement de Corbeil.

La commune de Périgny.

La commune de Draveil.

Josse (Louis-Pierre), à Ormesson.

Rabourdin (Louis-Augustin), à Paray.

Souviau (Jean-François), id.

Verger (Louis-Adolphe), id.

Verger (Eugène-Adolphe), id.

Duhuy (Jacques-Rose), id.

Lelièvre, à Sucy.

Bordeaux, id.

Marsaux, id.

Duclos (Pierre-Honoré), à Villecresnes.

Richerand (Sosthène), id.

Debourge (Eugène), id.

Guerrier (Pierre), id.

Allemand-Guiton, id.

Tattegrain (Frédéric), id.

Bernard (Armand de), id.

Groussier-Gailly, id.

Rivière (Joseph), id.

Satgé (Antoine de), id.

Bleuze (Jean-Auguste), id.

MM. Lelièvre (Jean-Baptiste), à Villecresnes.
Delente,   id.
Arthault (Alexandre),   id.
Robelin père et fils,   à Longjumeau.
Gallien (Narcisse), et Cie, id.
Gosnel,   à Ris-Orangis.
Rigny (comtesse de),   id.
La commune de Mandres.
Neuf propriétaires d'Athis-Mons.

Arrondissement d'Étampes.

MM. Gingréan,   à Abbeville.
Percheron (Charles),   id.
Gingréan fils,   id.
Pillas (Victor),   id.
Fourcault (Émile),   id.
Lesage (Amand),   id.
Pillas (Chaumette),   id.
Denizot,   id.
Boissière,   id.
Amiet,   id.
Hiou,   id.
Boucher (aîné),   id.
Pichot (Prudent),   id.
Besnard (Désiré),   id.
Bouvard (Jean),   id.
Pasquet-Cautien,   à Arrancourt.
Pillias (Frédéric)   id.
Delorme (Louis),   id.
Rousset (Charles),   id.
Gilbert (Gervais),   id.

MM. Gilbert (Jules),   à Arrancourt.
    Gilbert (Alphonse),   id.
    Gilbert (Sébastien),   id.
    Mercier (Lucien),   id.
    Minier (Auguste),   id.
    Goupy (Louis-Pierre),   à Cerny.
    David,   id.
    Walter,   id.
    Carnot,   id.
    Gommier (de),   id.
    Loriaux,   id.
    Colleau (Denis-François),   à Lardy.
    Batelle,   id.
    Morelle,   id.
    Marchand, à Mespuits.
    Gillet de la Renommière, à Oncy.
    Gille (Constant),   id.
    Rourguignon (Jacques),   id.
    Muret (Henri), à Torfou.

Arrondissement de Mantes.

MM. La commune d'Auffreville.
    Tournafotte,   à Auffreville.
    Lazerat,   id.
    Blot,   id.
    Brault, à Breuil.
    Courtaux,   à Bonnières.
    Lassuce,   id.
    Lechaptain,   id.
    Chatelain,   id.
    Pattu,   id.

MM. Vermellet,   à Bonnières.
Sembat,   id.
Beaugrand,   id.
Lesieur,   id.
La commune de Bonnières.
La commune de Cravent.
Lecrivain (Jacques-Charles),   à Tilly.
Oury (Louis-Charles),   id.
Desmard (Emile-Eugène),   id.
Lechat (Charles-Henri),   id.
Huard (François-Nicolas),   id.
Mordand (Pierre-Louis),   id.
Quesnay (Pierre-Gabriel),   id.
Garnier (René-François),   id.
Revelle (Charles),   à Aincourt.
Chevalier (Louis),   id.
Dupuis (Séverin),   id.
Léger (Félix),   id.
Truffaut (Philippe),   id.
Leroy (Denis),   id.
Riblet (Jacques),   id.
Beaucousin (Auguste),   id.
Guy (Louis-François),   id.
La commune de Magny.
La commune de Houdan.

Arrondissement de Pontoise.

MM. La commune d'Arronville.
Vallée (Philippe),   à Bouffémont.
Toussaint (François),   à Louvres.
Poiret (Louis-Achille),   id.

MM. Simon (François),   à Louvres.
    Demaison,   id.
    Sainte-Beuve (Henry),   id.
    Dugué,   id.
    Simon (Foy),   id.
    Devouge,   id.
    Harmand (Alphonse),   id.
    Brulon,   id.
    Margry,   id.
    Conin (Victor-Auguste),   id.
    Homme (Auguste),   id.
    Fessart (Alfred),   id.
    Chartier (Pierre-Louis), à Plessis-Gassot.
    Riottot,   à Osny.
    Larrocque,   à Cergy.
    Nicolay (marquis de), à Osny.
    Dubray, à Boissy-l'Aillerie.
    La commune de Montfermeil.
    La ville de Pontoise.

Arrondissement de Rambouillet.

MM. La commune de Bonnelles.
    Delalain, à Boissy-Saint-Yon.
    Guilbert (Alphonse), à Breuillet.
    Cugnot (Firmin), à Cernay-la-Ville.
    Berry (Simon),   à Craches.
    Cottereau,   id.
    Moret de Droit,   id.
    Huvey (Joseph), à Limours.
    Colet (Jacques), à Saulx-Marchais.
    Damars, à Saint-Cyr-sous-Dourdan.

MM. Damars fils,   à Saint-Cyr-sous-Dourdan.
     Damars (Théophile),   id.
     Oui (Jules),   id.
     Binot (Nicolas),   id.
     Daniel (Louis-Simon),   id.
     Maufruy,   id.

§ 3. — CONSEIL-GÉNÉRAL DE SEINE-ET-OISE.

Nota. — L'ensemble de ces souscriptions avait donné, à la date du 6 août 1868, une somme d'environ 4,500 francs encaissée par M. le Trésorier du Comité. Les derniers recouvrements à effectuer faisaient espérer une recette d'environ 300 francs. La souscription aurait donc produit 4,800 francs.

Procès-Verbaux du Comité.

SÉANCE DU 26 SEPTEMBRE 1865.

L'an mil huit cent soixante-cinq, le mardi vingt-six septembre, à deux heures après midi, les membres composant le Comité départemental pour l'Exposition universelle de 1867, à Paris, nommés par S. Exc. le maréchal Vaillant, ministre de la Maison de l'Empereur et des Beaux-Arts, en date du 23 août dernier, se sont réunis à la Préfecture, salle du Conseil de Préfecture, sur la convocation de M. le Préfet.

M. Loriot de Rouvray, conseiller de Préfecture, invite Messieurs les membres du comité à prendre place ; il fait connaître qu'il a reçu de M. le Préfet, empêché, la délégation d'installer le Comité et le Bureau provisoirement nommés ; en conséquence, il invite, en l'absence de M. le duc de Padoue, président, M. le comte de Pourtalès à prendre la présidence de la séance, et M. Dessus, chef de la division du secrétariat à remplir près de lui les fonctions de secrétaire.

Après cette installation M. le conseiller de Préfecture se retire.

M. le comte de Pourtalès exprime au Comité son

embarras pour diriger ses opérations et réclame sa bienveillante indulgence.

MM. Richard de Jouvance et Bella, membres du Comité central d'admission institué près la Commission impériale, sont invités à rendre compte des travaux auxquels ils ont déjà pris part au sein du Comité central et qui expliquent, jusqu'à un certain point, la marche que doivent suivre les Comités départementaux.

Bien qu'en nombre insuffisant, il est fait, par les soins de M. le secrétaire, une distribution, à la majeure partie des membres présents, des exemplaires du Règlement général de l'Exposition que M. le Préfet a reçu de M. le Commissaire-général de l'Exposition.

Il est donné lecture des art. 1, 2, 3 et 29 dudit Règlement général. L'article 3 qui traite des obligations des Comités départementaux, est repris et discuté paragraphe par paragraphe. Il en résulte cette décision : que le premier acte du Comité aura pour objet la rédaction d'un appel à tous les producteurs et sa publication avec tous les documents nécessaires à l'appui.

L'assemblée charge son bureau provisoire de préparer ce travail pour la première séance, mais n'étant pas suffisamment éclairée en ce qui concerne l'accomplissement des autres parties de sa mission, notamment au sujet du concours de l'administration préfectorale, au sujet de la franchise postale, relativement aux frais que vont nécessiter les impressions à faire, elle invite un de ses membres à se rendre auprès de M. Commissaire-général de l'Exposition de 1867, pour obtenir de lui toutes les indications dont elle a besoin.

La séance est levée à 4 heures du soir.

SÉANCE DU 3 OCTOBRE 1865.

L'an mil huit cent soixante-cinq, le mardi trois octobre, à deux heures après midi, les membres composant le Comité départemental pour l'Exposition universelle de 1867, dûment convoqués par M. le Préfet, se sont réunis à la Préfecture, salle du Conseil de Préfecture, sous la présidence de M. le duc de Padoue.

M. Richard de Jouvance est invité à remplir les fonctions de secrétaire.

On procède à l'appel nominal des membres du Comité.

Sont présents : MM. Baudry, — Bélier, — Blondel, — Castor, — Decauville, — Darblay, — Desnos, — Dessus, — Duverger, — Gaillardet, — Gautier, — Hardy, — Herliez, — Joly, — Jourdier, — Mantin, — Marquis, — Michelez, — Morizot, — comte du Moulin, — Neppel, — duc de Padoue, — Pasquier, — comte de Pourtalès, — Richard de Jouvance, — Soulié et Scré-Depoin.

Se sont excusés : MM. Barré, — Bella, — Biétry, — Dufresne, — Feray, — Gratiot, — Pernelle, — Pluchet et Sainte-Beuve.

Sont absents : MM. Baroche, — baron Daurier, — Dujoncquoy, — Frémy, — Fréville, — Heuzé, — Michaux, — Philippe, — Rousseau, — marquis de Selve et Tétard.

M. le Président croit devoir relire au Comité l'article 3 du Règlement général qui précise ses opérations et l'ordre dans lequel il devra les accomplir.

Il donne ensuite lecture de la lettre du 23 août dernier, écrite par S. Exc. le maréchal Ministre de la Maison de l'Empereur et des Beaux-Arts, vice-président de la Commission impériale, à M. le Préfet, en lui adressant son arrêté du 7 août 1865, relatif à l'organisation des Comités départementaux, en exécution du Règlement général de l'Exposition. Cette circulaire est commentée par M. le Président qui explique sommairement le rôle plein d'initiative réservé aux Comités. M. Scré-Depoint, délégué lors de la première réunion pour se rendre auprès de M. le Commissaire-général de l'Exposition, afin d'obtenir tous les renseignements de nature à éclairer le Comité sur les moyens d'action dont il peut disposer, rend compte de son entretien avec le représentant de M. le Commissaire-général. Il confirme les conditions dans lesquelles cette patriotique initiative du Comité peut se produire et que M. le Président vient d'exposer.

M. le Président invite M. Richard de Jouvance, chargé de préparer et de présenter au nom du Bureau provisoire, le projet d'appel aux producteurs, l'extrait des documents officiels et toutes les pièces annexes nécessaires, à donner lecture au Comité de ce travail d'ensemble, qui se compose :

1° De l'appel du Comité départemental aux producteurs de Seine-et-Oise ;

2° D'un extrait du Règlement général ;

3° D'un modèle de la demande d'admission ;

4° D'un tableau sur lequel sera formée la liste des artistes, agriculteurs, manufacturiers, etc., dignes d'être signalés à la Commission impériale ;

5° D'un tableau sur lequel s'inscriront les souscripteurs au fonds départemental pour subvenir aux frais des opérations du Comité.

Après la lecture de ces diverses pièces dont la rédaction et les dispositions sont adoptées, il est décidé qu'elles formeront un corps de circulaires, suivi de la liste des membres du Comité et de son Bureau ; que cet ensemble de documents sera imprimé, adressé dans le plus bref délai à tous les maires du département, à toutes les associations agricoles, horticoles, manufacturières, savantes et artistiques, aux principaux producteurs, etc., etc.; que pour augmenter encore cette utile publicité, l'appel spécial du Comité aux producteurs, sera tiré en placard, affiché dans toutes les communes du département, par les soins des maires, et inséré dans les journaux du département.

La question de la franchise postale sollicitée en faveur des Comités départementaux par la Commission impériale auprès de S. Exc. le Ministre des Finances n'étant pas encore résolue, M. le Président veut bien se charger de réclamer le couvert de M. le Préfet pour ces premiers envois, avec une lettre de ce Magistrat à Messieurs les maires pour les inviter à seconder de tout leur pouvoir les opérations du Comité.

Par l'organe de son Président, le Bureau fait connaître à l'Assemblée qu'ici se termine la mission dont il avait été honoré à titre provisoire, et qu'il y a lieu de procéder maintenant à l'élection d'un Bureau définitif conformément à l'article 4 de l'arrêté ministériel du 7 août 1865, dont M. le Président donne lecture.

Le scrutin est réclamé par les membres du Bureau provisoire, mais l'Assemblée se prononçant par acclamation, nomme :

M. le duc DE PADOUE, *président*.

MM. le comte R. DE POURTALÈS et DUVERGER, *vice-présidents*.

MM. RICHARD DE JOUVANCE, — GRATIOT (Amédée), — JOLY (T.) et DESSUS, *secrétaires*.

M. le Président fait apprécier la nécessité d'ajouter, aux fonctionnaires du Bureau, *un trésorier* chargé des recettes et dépenses du Comité, en un mot, de la comptabilité de ses opérations :

On nomme *trésorier* M. Seré-Depoin.

Un membre propose au Comité de se cotiser pour former un premier fonds qui assurerait le paiement des dépenses d'impression, d'expédition, etc., et de fixer cette cotisation, uniformément pour tous les membres, à la somme de *vingt francs*. Cette proposition étant appuyée est mise aux voix, et chaque membre présent à la séance s'engage à verser ladite cotisation entre les mains de M. le trésorier du Bureau. Il est entendu d'ailleurs, que chacun demeure libre de contribuer à un autre titre en s'inscrivant comme souscripteur au fonds départemental, sur la liste déposée dans sa commune.

Les souscripteurs qui s'inscriront dans leur commune, auront la faculté de verser le montant de leur souscription, soit dans la caisse de M. le percepteur de leur circonscription communale, soit dans celle de M. Seré-Depoin, à Paris, boulevard de Denain, n° 5, ou à Pontoise, qui réunira tous ces versements.

Dans le but de rendre permanente l'action du Comité et de la répartir régulièrement sur tous les points du département, le Bureau propose la formation de sous-comités d'arrondissement.

Cette proposition étant adoptée, on compose ainsi qu'il suit ces sous-comités :

Arrondissement de Versailles.

MM. Duverger, — Bella, — Biétry, — Blondel, — Dessus, — Frémy, — Hardy, — Heuzé, — Herliez, — Joly, — Jourdier, — Pasquier, — Pluchet, — Richard de Jouvance et Soulié.

Arrondissement de Pontoise.

MM. Seré-Depoin, — Bélier, — Desnos, — Gaillardet, — Gautier, — Neppel, — Pernelle, — Sainte-Beuve et Tétard.

Arrondissement de Mantes.

MM. Castor, — Baroche, — Fréville, — Michaux et Morizot.

Arrondissement de Corbeil.

MM. Darblay (Paul), — Baudry, — Decauville, — Feray, — Gratiot, — Mantin, — Marquis et Philippe.

Arrondissement de Rambouillet.

MM. le duc de Padoue, — baron Daurier, — Dujoncquoy et comte de Pourtalès.

Arrondissement d'Étampes.

MM. le comte du Moulin, — Barré, — Dufresne, — Michelet, — Rousseau et marquis de Selve.

MM. Duverger, — Seré-Depoin, — Castor, — Darblay, — duc de Padoue et comte du Moulin, sont chargés de réunir MM. les membres de leur arrondissement respectif, pour qu'ils aient à constituer le

Bureau du sous-comité, lequel se mettra en rapport avec le Comité central.

Avant de se séparer et sur la proposition d'un de ses membres, l'Assemblée arrête; qu'à l'avenir, les séances générales du Comité qui se tiendront à Versailles, ouvriront à midi, au lieu de deux heures.

La séance est levée à 4 heures du soir.

SÉANCE DU 28 NOVEMBRE 1865.

L'an mil huit cent soixante-cinq, le mardi vingt-huit novembre, heure de midi, les membres composant le Comité départemental pour l'Exposition universelle de 1867, dûment convoqués, se sont réunis à la Préfecture, salle du Conseil de Préfecture, sous la présidence de M. le duc de Padoue.

On procède à l'appel nominal des membres du Comité.

Sont présents : MM. Baroche, — Baudry, — Bélier, — Bella, — Blondel, — baron Daurier, — Dessus, — Dujoncquoy, — Duverger, — Fréville, — Gautier, — Hardy, — Herliez, — Heuzé, — Joly, — Jourdier, — Mantin, — Marquis, — Morizot, — Neppel, — duc de Padoue, — Pasquier, — Philippe, — Pluchet, — Richard de Jouvance, — Soulié, — Sainte-Beuve, — marquis de Selve, — et Seré-Depoin.

Se sont excusés : MM. Darblay, — Desnos, —

Gaillardet, — Gratiot, — Michaux, — comte de Pourtalès, — et Rousseau.

Sont absents : MM. Barré, — Biétry, — Castor, — Decauville, — Dufresne, — Feray, — Frémy, — Michelez, — comte du Moulin, — Pernelle, — et Tétard.

M. le Président invite M. Richard de Jouvance à donner lecture du procès-verbal de la dernière séance. La rédaction en est adoptée sans observation.

Le dépouillement des réponses reçues de MM. les maires du département, au sujet de la désignation des producteurs qui méritent d'être signalés et des souscriptions au fond départemental pour l'exécution des opérations du Comité, établit, que sous le rapport des désignations,

l'arrondissement de Corbeil	figure pour.	2
— d'Étampes	—	2
— de Pontoise	—	0
— de Rambouillet	—	8
— de Mantes	—	5
— de Versailles	—	6

ce qui fait un total de . . . . 23 désignations ;

En y ajoutant les néants au nombre de. . 161 le Bureau n'a reçu que. . . . . 184 réponses des 684 maires du département. Resteraient donc 500 communes qui ne se sont pas encore prononcées.

Quant aux souscriptions transmises par la même

voie, elles représentent environ, pour le moment, une somme de 650 francs à encaisser.

M. le Secrétaire fait observer que la plupart des maires ont dû soumettre la proposition de la souscription en question à leur conseil pendant la session municipale de novembre, et qu'il y a lieu d'espérer, par le grand nombre de réponses encore à venir, que la somme des souscriptions s'élèvera prochainement à un chiffre très-supérieur.

M. le Président donne la parole à M. Richard de Jouvance pour le dépouillement de la correspondance et des instructions reçues de la Commission impériale depuis la dernière séance. Au nombre des lettres écrites par M. le Commissaire-général de l'Exposition universelle à M. le Président du Comité, la lecture de celle du 19 octobre dernier, où M. le Commissaire-général exprime la vive satisfaction que lui ont fait éprouver les termes de l'appel aux producteurs de Seine-et-Oise et où il demande l'envoi en placard de cet appel pour l'adresser à tous les Comités départementaux, est accueillie comme des plus flatteuses pour les premiers travaux du Comité.

Les nombreuses et longues instructions adressées par la Commission impériale pour guider les opérations des Comités départementaux et leur permettre d'éclairer les producteurs sur leurs intérêts, ne pouvant être lues en entier, il en est donné connaissance par extrait dans l'ordre des dates de leur réception :

3*

1° Instruments et procédés de travail spéciaux aux ouvriers-chefs de métier. *(Classe 95.)*

2° Spécimens de costumes populaires des diverses contrées. *(Classe 92.)*

3° Spécimens d'habitations caractérisées par le bon marché uni aux conditions d'hygiène et de bien-être. *(Classe 93.)*

Plusieurs membres expriment le regret de ne voir figurer au nombre des demandes d'admission aucune demande appartenant à la classe 93. M. Baroche se joint à ces regrets en signalant sur les limites d'un département voisin, celui de l'Oise, des habitations d'ouvriers et de petits cultivateurs qui, par leur convenance bien comprise et le bon marché auquel elles sont établies, répondent heureusement, suivant lui, au vœu exprimé par la Commission impériale. Mais, en admettant que pareils spécimens existent dans Seine-et-Oise, quels seraient les résultats des sollicitations du Comité auprès des architectes et des entrepreneurs-constructeurs de ces bâtiments? Ne reculeront-ils pas devant une aussi grosse dépense? Il le croit. Cette opinion est partagée par le Comité qui l'étend à toutes les constructions de fermes, d'usines, d'écuries, d'étables, de bergeries, etc., qu'on désire voir non-seulement s'élever, mais fonctionner dans le parc de l'Exposition et qu'on veut laisser entièrement à la charge des exposants de ces diverses classes disposés à les animer par l'installation de leurs produits.

4° Graines et plantes d'essence forestière. *(Cl.* 87.)

La lecture de cette instruction, qui a beaucoup de points communs avec celle qui réglera les conditions d'exposition des produits horticoles, amène M. Hardy à faire connaître au Comité la situation des choses.

La Commission impériale veut mettre à la charge des exposants de l'horticulture et de l'arboriculture tous les frais de défonce, d'apports de terre végétale, de création et d'entretien des pelouses, d'arrosage, de fauchage, etc., etc. Les exposants de ces deux classes se refusent, quant à présent, à accepter pour leur compte des dépenses qui rentrent dans la création foncière, dans l'embellissement et dans l'entretien journalier du parc qui entourera le Palais; ce parc, tout en favorisant exceptionnellement l'exposition des produits vivants du règne végétal, n'en sera pas moins affecté aussi à celle des animaux, des bâtiments ruraux, des usines, des appareils d'extérieur, etc., etc. Aussi la Société impériale d'Horticulture de France est-elle intervenue, sur la demande des horticulteurs, pour combattre ces prétentions, et la Société d'Horticulture de Seine-et-Oise se propose de réclamer l'appui du Comité de Seine-et-Oise pour soutenir aussi ses réclamations particulières.

Les horticulteurs sont certainement disposés à exposer leurs produits et à les entretenir, chacun selon sa spécialité, tout le temps possible, mais, en dehors de ces frais déjà fort lourds pour eux, ils ne veulent pas entrer dans les charges d'entretien général d'un parc créé pour l'embellissement de l'Exposition. Une société de revendeurs s'organise et cherche à s'entendre avec les horticulteurs pour résoudre, à son profit, la difficulté pendante. Cette société aurait l'intention, sous le bénéfice de vente des produits accordé par la Commission impériale, de créer là, dans le parc de l'Exposition, un véritable marché aux fleurs artistique permanent, où toutes les espèces de fleurs, plantes et arbustes de France seraient groupées et remplacées au fur et à mesure de leur dépérissement par leurs succédanés.

Le 15 août 1867, jour de la fête de l'Empereur, paraissant avoir été choisi pour la solennité de la distribution des récompenses de l'Exposition, les horticulteurs dont la spécialité a pour but la production des fruits, ont également dû présenter des observations tendant à faire reconnaître que la majeure partie de leurs produits, raisins, pommes, poires, etc., etc., ne pourraient concourir à cette époque.

Tous ces renseignements fort importants à connaître font décider qu'il sera demandé à la Société d'Horticulture de Seine-et-Oise de présenter ses observations sur les conditions auxquelles les horticulteurs qu'elle représente seront admis à exposer, en l'assurant que ses observations seront adressées par les soins du Bureau du Comité à la Commission impériale.

5° Première instruction complémentaire du Règlement général, concernant les conditions générales d'admission et d'installation.

6° Serres et matériel de l'horticulture. *(Classe 83.)*

7° Matériel et procédés des exploitations rurales et forestières. — Plans des exploitations agricoles dont les propriétaires ou fermiers ont obtenu la prime d'honneur dans les Concours régionaux. *(Classe 48.)*

Le Comité est d'avis de solliciter MM. Decauville aîné, à Evry-sur-Seine, et Michaux (Jules), à Bonnières, lauréats de la prime d'honneur dans le département de Seine-et-Oise, pour qu'il répondent au désir exprimé par la Commission impériale dans cette instruction. A cet effet, elle est remise à M. E. Baroche qui veut bien la communiquer à M. Michaux, en lui exprimant le vœu du Comité. M. Michaux sera prié d'adresser cette pièce à M. Decauville qui la retournera au secrétariat.

8° Produits de la boulangerie et de la pâtisserie. *(Classe 68.)*

Pour répondre à cet appel de la classe 68, le Bureau est heureux de porter à la connaissance du Comité, la lettre de M. Honoré Lefebvre, propriétaire-agriculteur à la Faisanderie, créateur de la meunerie-boulangerie de l'Orme située commune de Bailly, près Versailles. Cette lettre, qui est accompagnée d'une demande d'admission régulière, expose que l'usine du moulin de l'Orme fabrique en ce moment 4 à 5,000 kilogrammes de pain par vingt-quatre heures, qui sont écoulés journellement dans vingt dépôts de vente à Versailles, Saint-Germain, localités voisines, pour la fourniture de l'école militaire de Saint-Cyr, de l'hôpital militaire de Versailles, de plusieurs bureaux de charité et autres établissements publics; que le pain de cette usine est de première qualité, pétri à la mécanique, et vendu 0 fr. 58 c. les deux kilogrammes, ce qui fait 6 à 7 c. au-dessous du prix de vente actuel des boulangers de Versailles; que les économies obtenues par l'organisation de cette usine meunerie-boulangerie, permettant d'établir le prix du pain à un rabais relativement considérable au-dessous de la taxe officielle ou officieuse, sans en diminuer la qualité, M. Lefebvre demande à en fournir la preuve sur le comptoir de vente spécial réservé aux boulangers dans la galerie de pourtour du palais de l'Exposition de 1867.

Le Comité accueille avec la plus vive satisfaction cette communication et signalera l'intéressant et peut-être unique établissement de M. Lefebvre à la Commission impériale, comme devant être admis à prouver les avantages que la liberté de la boulangerie peut procurer aux consommateurs.

9° Deuxième instruction complémentaire du Règlement général concernant l'installation des groupes

2, 3, 4 et 5. *(Matériel des arts libéraux, mobilier, vêtement, produit d's indusries extractives.)*

10° Troisième instruction complémentaire du Règlement général concernant spécialement l'installation du groupe 6. *(Instruments et procédés des arts usuels.)*

11° Cinquième instruction complémentaire du Règlement général (la quatrième intruction, qui n'est pas parvenue au Secrétariat du Comité, a été réclamée). Elle concerne l'installation des groupes 8 et 9. *(Produits vivants et spécimens d'établissements de l'agriculture et de l'horticulture.)*

Sans revenir sur les intéressants renseignements fournis précédemment par M. Hardy, relativement aux difficultés d'installation des produits vivants de l'horticulture, plusieurs membres font ressortir qu'elles s'élèvent encore plus nombreuses et plus complexes en ce qui concerne les produits vivants de l'agriculture.

D'abord il ne leur paraît pas praticable d'ouvrir à la culture des champs factices où s'accompliraient toutes les phases de la culture ordinaire de notre région, et conséquemment d'en livrer les récoltes sous les yeux des visiteurs aux usines spéciales qui les transforment pour le commerce.

Les Expositions précédentes ont surabondamment démontré qu'en ce qui concerne le séjour des animaux, il ne pouvait guère dépasser une huitaine de jours, sans devenir mortel pour la plupart des espèces ; que la succession d'animaux, sinon de la même exploitation, du moins de la même région, ne permettra pas un rapprochement comparatif nécessaire à l'étude du mérite de telle ou telle race, de tel ou tel élevage préconisé. M. Pluchet, entre autres observations, fait remarquer qu'au mois de juin, époque de la monte des troupeaux, il est à peu près certain que la division de l'espèce ovine sera déserte. On ne peut donc concevoir une représentation permanente de toutes les races d'animaux. Ne serait-il pas préférable de spécialiser les expositions d'animaux et de les faire se succéder par espèces différentes, à des époques en parfaite convenance avec leur nature? C'est l'opinion du Comité, et elle lui semble quant à présent, la seule qui puisse répondre parfaitement aux études sérieuses des visiteurs et à celle des jurys de récompense. Cette disposition réaliserait pour les installations une économie considérable, car les chevaux et les bœufs pourraient passer par les mêmes stalles, les moutons et les porcs par les mêmes divisions de parcs, etc., etc., et ces diverses successions à intervalles intelligemment combinés, entre le 1er avril et le 1er novembre, seraient chaque fois la cause d'un mouvement nouveau de nombreux visiteurs. Au lieu de passer de l'encombrement de l'ouverture, à l'abandonnement dont la fermeture de l'exposition est ordinairement précédée, on maintiendrait ainsi toujours vive, toujours sous un attrait nouveau l'Exposition; et tout ce qui tient ou s'intéresse à l'agriculture en général, se trouverait dans l'obligation de répéter plusieurs fois ses visites, au grand profit de tous les intérêts en cause.

En spécialisant et alternant ainsi les expositions d'animaux, la réduction des frais rendrait les associations plus faciles; dussent-elles faire défaut sur certaines parties, elles tourneraient encore à l'avantage de la Société de garantie, car les dépenses d'installation de la Commission impériale en seraient très-réduites.

Le Comité est d'avis d'adresser en communication la 5ᵉ instruction au Comice agricole et à la Société d'Horticulture de Seine-et-Oise, pour qu'ils lui donnent, chacun en ce qui le concerne, leur avis sur la réalisation pratique des vœux exprimés dans le programme de la Commission impériale. Les observations de ces deux Sociétés, si compétentes, et qui se proposent de grouper les produits agricoles et horticoles de Seine-et-Oise, seront adressées avec l'avis du Comité à M. le Commissaire général de l'Exposition universelle.

Le groupement par le Comice agricole de tout ce qui se rattache à la représentation de l'agriculture de Seine-et-Oise, celui de tous les produits de l'horticulture par la Société spéciale départementale, paraissent au Comité suffisamment vastes, généraux et déjà assez difficiles à réaliser avec l'activité ordinaire de ces deux Sociétés, sans qu'il y ait lieu de tenter de se réunir par groupes de région ou de départements. Cette disposition *régionale* pourra d'ailleurs être réalisée comme le désire la Commission impériale, dans les galeries ou dans le parc de l'Exposition. M. Baroche fait connaître que les producteurs de l'arrondissement de Mantes, particulièrement les agriculteurs, ont formé une demande collective d'admission, pour présenter un trophée local; mais que loin de penser à s'isoler de l'Exposition collective départementale, ils sont, au contraire, tout disposés à se joindre à celle que le Comice de Seine-et-Oise se propose d'organiser.

M. Séré-Depoin exprime les mêmes sentiments au nom des producteurs de l'arrondissement de Pontoise, qui se tiennent à la disposition du Comice agricole et de la Société d'Horticulture pour compléter le faisceau départemental. — M. Hardy fait observer que la Société d'Horticulture de Pontoise ne réunit, en quelque sorte, que des produits d'amateurs et, qu'à cette heure, la question d'admettre les produits des amateurs n'est pas encore résolue par la Commission impériale qui n'entend, par producteurs, que ceux qui font commerce de leurs travaux.

Il demeure établi une fois de plus, par les termes de la 5e instruction, qu'en mettant en commun les charges pour les rendre plus légères, les producteurs qui figureront dans une exposition collective pourront néanmoins concourir individuellement pour l'obtention des récompenses qui seront décernées.

L'examen des instructions de la Commission impériale étant terminé, M. le Président invite le Comité à passer à la formation de la liste des producteurs de Seine-et-Oise dont l'admission à l'Exposition universelle lui semblerait particulièrement utile à l'éclat de cette solennité, et dignes, conséquemment, d'être signalés à la Commission impériale. *(Art. 3, § 2 du Règlement général.)*

MM. J. Marquis (en l'absence de M. Darblay), pour Corbeil ; Baroche, pour Mantes ; Seré-Depoin, pour Pontoise ; baron Daurier, pour Rambouillet, et Richard de Jouvance, pour Versailles, obtiennent successivement la parole et présentent, chacun, au nom du sous-comité d'arrondissement dont ils sont l'organe, la liste des producteurs de leur circonscription qui paraissent dignes d'être signalés à la Commission impériale.

MM. les Rapporteurs ajoutent à la lecture de chaque nom des explications très-intéressantes sur le mérite de l'industriel et de ses produits qui permettent au Comité d'en décider l'admission ou le refus sur la liste générale.

Plusieurs membres font observer que, pour la plupart de ces désignations, on ignore si une demande a été adressée par le producteur à la Commission impériale ; si elle l'a été en temps utile et même s'il convient à la personne désignée de prendre part à l'Exposition où on lui assigne une place ? Il eût été utile, pour fixer sur ces divers points l'opinion des membres du Comité, que le Bureau eût un relevé de toutes les demandes d'admission qui ont été adressées à la Commission impériale?

M. le Président s'empresse de répondre à cette judicieuse observation qu'une démarche a été faite dans ce sens par l'un des membres du Bureau auprès de M. le Commissaire général, qu'elle a été suivie d'une lettre insistant sur l'obtention de cet état et que la réponse reçue le 20 novembre a été un renvoi « aux connaissances spéciales des hommes éminents qui composent le Comité de Seine-et-Oise et qui leur permet de dresser directement et sans le secours du document réclamé, la liste des producteurs de premier ordre du département. »

M. le comte du Moulin, rapporteur du sous-comité d'Étampes, étant absent, son travail est renvoyé à l'examen et aux décisions que le Bureau jugera devoir prendre à l'égard des producteurs qui y figurent.

En définitive, il résulte de toutes les désignations successivement discutées, que le Comité de Seine-et-Oise se prononce pour signaler à la Commission impériale, savoir :

Pour l'arrondiss. de Corbeil. . . 21 producteurs.
—   d'Étampes.. . . . mémoire.   —
—   de Mantes.. . . 17   —
—   de Pontoise. . . 16   —
—   de Rambouillet. 23   —
—   de Versailles. . 44   —

En somme. . . . . 121 producteurs

dont l'admission lui semble particulièrement mériter sa recommandation.

Il est décidé, en dernier lieu, que lorsque cette liste générale, rédigée par groupes d'exposition et par ordre alphabétique, aura été complétée par les désignations de l'arrondissement d'Étampes, le Bureau du Comité l'adressera à la Commission impériale.

Avant de se séparer, la situation financière du Comité en souscriptions, recettes et dépenses, est présentée sommairement par M. le Secrétaire, et M. le Trésorier reçoit des membres présents, en échange d'un reçu détaché d'un livre à souche, leur cotisation individuelle.

L'ordre du jour étant épuisé, la séance est levée à trois heures et demie.

SÉANCE DU 21 AOUT 1866.

L'an mil huit cent soixante-six, le mardi vingt-un août, à une heure et demie après midi, le Bureau du Comité s'est réuni à l'hôtel de Préfecture, à Versailles, sous la présidence de M. le duc de Padoue, son président.

Avaient été aussi dûment convoqués, comme habitant à Versailles ou dans ses environs, les membres du Comité ci-après dénommés : MM. Baroche (Ernest), — Bella, — Biétry, — Blondel, — Hardy,

— Herliez, — Heuzé, — Jourdier, — Pasquier, — Pluchet et Soulié.

Etaient présents : MM. le duc de Padoue, — comte de Pourtalès, — Duverger, — Richard de Jouvance, — Joly (T.) — Dessus, — Seré-Depoin, — Blondel, — Herliez — et Pasquier.

S'étaient excusés : MM. Baroche, — Bella, — Gratiot, Jourdier, — Pluchet — et Soulié.

Etaient absents : MM. Biétry,—Hardy—et Heuzé.

M. le Président donne lecture de la *lettre du* 6 *août* courant qu'il a reçu de M. le Commissaire général et qui a pour objet de rappeler les obligations qu'imposent aux Comités départementaux les termes des paragraphes 3, 4 et 5 de l'article 3 du Règlement général et d'inviter le Comité de Seine - et - Oise à solliciter du Conseil-Général de son département une subvention destinée à être appliquée plus particulièrement aux installations agricoles collectives (classes 41 à 43, 48 à 50, 74 à 82), au transport d'ouvriers visiteurs, et à l'impression du rapport sur l'Exposition, confié à ses soins.

M. Richard de Jouvance, l'un des secrétaires, donne ensuite lecture de la *note* sur l'installation des produit frais ou vivants et des spécimens d'établissements de l'agriculture, ainsi que du tarif consenti par les entrepreneurs des installations destinées aux produits agricoles et aux animaux vivants, document adressé au Comité par M. le Commissaire général de l'Exposition le 19 juillet dernier.

Après une discussion sur l'application des disposition de la note du 19 juillet, un examen de la situation financière du Comité et des conditions dans lesquelles une demande de subvention pourrait être faite au Conseil-Général de Seine-et-Oise, conformément aux termes de la lettre du 6 août, il est arrêté :

1° Qu'une demande d'une subvention de 2,000 fr. sera adressée à M. le Préfet, pour qu'il veuille bien la présenter au Conseil-Général dans sa prochaine session et l'appuyer, en faisant ressortir que le Comité a estimé ainsi qu'il suit les frais auxquels il se voit dans l'obligation de satisfaire :

Impression à 1,200 exemplaires du Rapport spécial
    des délégués sur l'Exposition universelle de
    1867. . . . .   4,000 fr.

Subvention au Comice agricole pour
    l'aider dans son installation d'une
    exposition collective des produits
    agricoles du département.   1,000

Frais de visites à l'Exposition d'ouvriers
    appartenant aux principales indus-
    tries agricoles et manufacturières
    du département.   2,000
             En somme. . . . .   7,000 fr.

2° Qu'un extrait de la note de la Commission impériale du 19 juillet, avec le tarif en son entier des installations destinées au produits agricoles et aux animaux vivants, seraient insérés dans tous les journaux du département de Seine-et-Oise et dans l'*Écho agricole*, et qu'il serait demandé à M. le Préfet de vouloir bien favoriser cette publicité utile en lui accordant une place dans le plus prochain numéro du *Recueil de ses Actes administratifs*.

3° Que M. le Secrétaire du Comité serait chargé d'adresser à M. le Préfet un extrait de la présente délibération, avec toutes les pièces nécessaires pour l'expliquer et l'appuyer, en ayant soin de rappeler qu'en 1862 le Conseil-Général, sur la proposition de M. le Préfet et à la demande du Comice, avait alloué à cette association une somme de 1,000 f. pour l'aider dans la dépense que lui avait occasionnée l'Exposition agricole faite à Londres, par ses soins.

Le Comité a été d'avis d'ajourner au mois de janvier 1867, l'envoi d'une circulaire à tous les maires du département pour obtenir de nouvelles souscriptions populaires, tant de leurs administrés que de leur Conseil municipal dans la session de février.

L'ordre du jour étant épuisé la séance est levée à trois heures et demie.

SÉANCE DU 11 JUILLET 1867.

L'an mil huit cent soixante-sept, le jeudi onze juillet, deux heures après midi, les membres composant le Comité départemental pour l'Exposition universelle de 1867, dûment convoqués, se sont réunis à la Préfecture, salle du Conseil de Préfecture, sous la présidence de M. Duverger, vice-président du Comité.

On procède à l'appel nominal des membres du Comité.

Sont présents : MM. Baudry, — Bella, — Desnos, — Duverger, — Herliez, — T. Joly, — Jourdier, — Michelez, — Morizot, — Pernelle, — comte de Pourtalès, — Richard de Jouvance, — Sainte-Beuve — et Seré-Depoin.

Se sont excusés : MM. Baroche (Ern.) — Dufresne, — duc de Padoue, — Pluchet, — Bélier — et Rousseau.

Sont absents : MM. Barré, — Biétry, — Blondel, — Castor, — Darblay (P), — baron Daurier, — Decauville, — Dessus, — Dujoncquoy, — Feray, — Fréville, — Gaillardet, — Gautier, — Gratiot, — Hardy, — Heuzé, — Mantin, — Marquis, — Michaux, — Neppel, — Pasquier, — Philippe, — Soulié, — marquis de Selve — et Tétard.

M. le Secrétaire donne lecture du procès-verbal de la dernière séance générale du Comité, sa rédaction est adoptée sans observation.

M. le Président entretient ensuite le Comité des travaux du Bureau dans l'intervalle qui a séparé la réunion du 28 novembre 1865, de celle de ce jour. Il fait observer qu'il avait paru convenable au Bureau de ne pas déranger MM. les membres du Comité, pour des dispositions et des résolutions purement administratives, renvoyées d'ailleurs par lui à ses soins. Qu'au nombre de ces résolutions, le Bureau ayant délibéré sur la suite à donner aux obligations qu'imposent aux Comités départementaux les termes des paragraphes 3, 4 et 5 de l'article 3 du Règlement général, avait dû, après examen de la situation financière des encaissements, dépenses et souscriptions à percevoir, reconnaître la nécessité de recourir à une demande de subvention de 2,000 fr. au Conseil-Général du département, pour amener à 7,000 fr. environ les ressources du Comité. Ces ressources étaient destinées à faire face à l'impression du rapport d'étude sur l'Exposition, à aider le Comice agricole dans son Exposition projetée des produits agricoles du département, et à faciliter, aux principaux ouvriers des industries de Seine-et-Oise, la visite de l'Exposition de 1867.

Que le Comice agricole, arrêté dans ses projets par des circonstances indépendantes de sa volonté, et n'ayant pu faire son Exposition, la somme de mille francs qu'il lui était destinée restait aujourd'hui disponible et applicable aux autres dépenses en vue.

Qu'actuellement, il résultait des écritures de M. Seré-Depoin, trésorier du Comité, que les encaissements et les souscriptions consenties produisaient une somme de 4,704 fr. 90 c., sur laquelle 433 fr. avaient été dépensés pour impression et frais d'administration, ce qui ramenait à 4,271 fr. 90 c. les ressources du Comité.

Que dans sa réunion préparatoire du 4 de ce mois, le Bureau avait été d'avis d'affecter ces ressources dans une certaine mesure : 1° à l'envoi à l'Exposition des principaux ouvriers des diverses industries agricoles et manufacturières du département, en confiant le soin de leur désignation aux sous-comités d'arrondissement constitués dans la séance du 3 octobre 1865; 2° à la publication d'un rapport d'étude des dix groupes de l'Exposition, au point de vue des intérêts du département, qui aurait pour rédacteurs MM. les membres du Comité, groupés suivant leur aptitude pour la meilleure exécution de ce travail.

Après cet exposé sommaire des questions à l'ordre du jour, M. le Président a ouvert la discussion sur le premier chef de proposition : l'envoi à l'Exposition d'ouvriers attachés à nos différentes industries départementales.

Pour mieux préciser les conditions de ces excursions de visite des ouvriers, M. le Président donne lecture d'une réponse du 5 de ce mois, qu'il a reçue de M. Devinck, président de la Commission d'encouragement pour les études des ouvriers, instituée par arrêté ministériel du 29 novembre 1866, de laquelle lettre il résulte :

Que les ouvriers porteurs d'un diplôme imprimé ou manuscrit, signé soit par le Président, soit par le Secrétaire du Comité, obtiendront, en se présentant en personne au bureau spécial ouvert dans les bâtiments du Commissariat général, avenue de la Bourdonnaye, la délivrance d'une carte gratuite de semaine, pour la visite de l'Exposition ; qu'en outre, un restaurant spécial, situé dans l'enceinte même de l'Exposition, leur fournira la nourriture moyennant 2 à 3 francs par jour, et qu'ils pourront s'assurer d'avance des logements à raison de 1 fr. 25 c. par jour.

Une longue discussion s'engage pour la meilleure organisation de ces visites d'ouvriers et sur la répartition d'une somme de 2,000 francs que le Comité est d'avis, tout d'abord, d'affecter à ce service.

Plusieurs propositions sont successivement écartées ; enfin, le Comité arrête en définitive :

Que les sous-comités d'arrondissement se chargeront de rechercher et de désigner les ouvriers appelés à visiter l'Exposition, pour l'étudier et rendre compte, s'il est possible, de leurs observations ;

Qu'en échange des listes nominatives et indicatives des domiciles, patrons, industries, etc....., adressées au Bureau par les Comités d'arrondissement, il leur sera retourné des diplômes d'ouvriers visiteurs, au prorata de l'ensemble des présentations par les six arrondissements, délivrés en suivant l'ordre de présentation par les Comités, et dans la mesure de la dépense fixée par le Comité ;

Que la somme de 2,000 francs affectée aux indemnités de déplacement, sera répartie, savoir : 1,000 francs par sixième, soit 166 fr. 66 c. par arrondissement, et 1,000 francs au prorata du montant des souscriptions produites par chaque arrondissement ;

Que sans vouloir limiter le séjour de l'ouvrier délégué, jouissant d'une carte d'entrée de semaine, le Comité estimant que, d'une part il peut en quatre journées rendre sa visite fructueuse, et que de l'autre, ses obligations de travail ne lui permettent guère, en général, de s'y soustraire plus longtemps, décide qu'il y a lieu de lui remettre à son départ une somme de seize francs, représentant aux termes des avantages stipulés dans la lettre de M. le Président de la Commission d'encouragement pour les études d'ouvriers, la dépense de quatre journées au prix moyen de quatre francs l'une ;

Que cette indemnité de séjour sera remise par le sous-comité à l'ouvrier, en lui délivrant sa carte, après émargement de l'état de distribution, spécial à l'arrondissement, devant faire retour comme pièce comptable au Bureau du Comité.

Passant ensuite à l'examen des conditions de rédaction du Rapport sur les applications qui pourraient être faites dans le département, des principales expositions qui entrent dans les dix groupes, le Comité discute successivement l'utilité et la forme à donner à ce difficile et immense travail. On pourra d'ailleurs s'inspirer de l'étude des documents qui émanent des juges les plus compétents, et y puiser des extraits qui combleront les lacunes dues à une trop courte visite.

Il est donné lecture de l'instruction de la Commission impériale, relative à l'ouvrage que doivent publier les Comités départementaux sur l'Exposition universelle.

Tout en reconnaissant l'excellence du cadre réduit, proposé par la Commission générale, le Comité ne le juge pas suffisant. Il craindrait, en s'y renfermant exclusivement, que les études expliquées d'une façon aussi abstraites, perdissent de leur intérêt pour le commun des lecteurs auquel il est principalement destiné.

En conséquence, le Comité est d'avis de laisser plus de latitude aux différents rédacteurs, tout en réservant au Bureau le droit de faire les réductions qui seraient jugées convenables par lui, eu égard aux ressources dont on disposerait au moment de l'impression.

Sous ce rapport, il est entendu qu'une somme d'environ 2,000 fr. sera affectée aux frais de la publication du travail général d'étude sur l'Exposition.

Afin que cette étude soit bien l'œuvre du Comité tout entier, il est décidé qu'elle sera rédigée par les membres du Comité eux-mêmes, répartis en dix groupes, suivant leur aptitude et connaissances spéciales, représentant les dix groupes d'exposition établis par la Commission impériale. Il est fait de suite, entre les membres présents à la séance, les groupements provisoires ci-après :

1er *Groupe* : MM. Blondel, Dufresne et Soulié.

2ᵉ *Groupe* : MM. Barré, Dessus, Feray, Gaillardet, Gratiot et Pernelle.

3ᵉ — Biétry, Herliez, marquis de Selve.

4ᵉ — Dujoncquoy, Mantin et Michelez.

5ᵉ — Baudry, Bélier, Gautier, Morizot et Neppel.

6ᵉ — Castor, Desnos, Duverger, Joly, Jourdier, Philippe, comte de Pourtalès, Richard de Jouvance.

7ᵉ — Darblay (Paul), Fréville, Heuzé, Michaux, Pasquier et Sainte-Beuve.

8ᵉ — Bella, baron Daurier, Decauville, Pluchet et Rousseau.

9ᵉ — Hardy et Tétard.

10ᵉ — Baroche, Marquis, duc de Padoue et Seré-Depoin.

Il est demeuré entendu que tout membre absent n'ayant pu faire choix du groupe de travail qui lui convient, serait, sur sa demande, changé d'attribution. Comme aussi il a été jugé utile de laisser aux Commissions de chaque groupe de rédaction la faculté de présenter et de faire admettre par le Bureau des membres adjoints spéciaux s'ils leur devenaient utiles.

Avant de se séparer le Comité a remis aux soins

de son Bureau la mise à exécution de toutes les décisions prises dans la présente séance.

L'ordre du jour étant épuisé la séance a été levée à quatre heures trois quarts du soir.

———

SÉANCE DU 11 JUILLET 1868.

L'an mil huit cent soixante-huit, le samedi onze juillet, une heure après midi, les membres composant le Bureau du Comité départemental pour l'Exposition universelle de 1867, dûment convoqués, se sont réunis à la Préfecture, salle du Conseil de Préfecture, sous la présidence de M. le duc de Padoue, président du Comité.

L'appel nominal constate la présence de : MM. le duc de Padoue, — Duverger, — Richard de Jouvance et — Seré-Depoin.

S'étaient excusés : MM. le comte de Pourtalès — et Joly.

Etaient absents : MM. Gratiot — et Dessus.

M. le Secrétaire donne lecture du procès-verbal de la séance du 11 juillet 1867; sa rédaction est adoptée.

Le but principal de la réunion étant d'arrêter la situation financière des opérations du Comité, M. le Trésorier la fait connaître en détail en signalant les souscriptions non encore recouvrées, et parmi elles celles qui lui paraissent tombées en non-valeur par l'absence, le refus ou le décès des souscripteurs.

Il résulte de cette situation établie par les livres de M. le Trésorier, que jusqu'à ce jour le Comité a encaissé. . . . . 4,268 fr. 71 c.

qu'il a déboursé. 2,433 90

et qu'il lui reste à disposer de. . . 1,834 fr. 81 c.

M. Seré-Depoin prend l'obligation de réclamer encore certaines souscriptions dont il paraît assuré du versement, et d'adresser à M. le Président, avant la session prochaine du Conseil-Général, un compte régulier détaillé des recettes et dépenses du Comité.

D'après les prévisions de M. le Trésorier, on peut espérer un solde créditeur d'au moins 1,900 francs.

Le Bureau, en présence de cette déclaration et en vertu des pouvoirs qu'il tient du Comité, se préoccupe de faire un emploi utile de ce solde.

Sur la proposition de M. le Président, le Bureau est d'avis de faire rédiger et de publier un compte-rendu des opérations du Comité et un état aussi complet que possible des exposants et des récompenses de l'Exposition universelle qui se rattachent exclusivement au département de Seine-et-Oise. Il serait donné, d'après les documents officiels, une explication sommaire de l'objet pour lequel la récompense a été décernée.

Le compte-rendu de la part prise par le département de Seine-et-Oise à l'Exposition de 1867, sera adressé gratuitement à MM. les membres du Conseil-Général, à MM. les membres du Comité départemental, à toutes les bibliothèques populaires créées dans Seine-et-Oise, à toutes les communes ou personnes qui ont aidé le Comité de leur souscription.

Cédant aux instances du Bureau, M. Richard de Jouvance, secrétaire du Comité, veut bien accepter la tâche de dépouiller, de compulser les nombreux documents officiels et de rédiger le rapport sus-mentionné.

On décide que le solde créditeur réuni en dernier lieu par les soins de M. le Trésorier, sera entièrement affecté aux frais de ce travail et de sa publication, — savoir : une somme de quinze cents francs pour honoraires de rédaction, à M. Richard de Jouvance, et la somme restante, pour impression et publication.

Avant de se séparer, le Bureau décide, attendu qu'il n'y a plus urgence, que le Comité ne sera plus convoqué, mais il s'engage à donner ses soins à la publication du compte-rendu et à la liquidation des comptes, recettes et dépenses qui lui ont été confiés.

L'ordre du jour étant épuisé, la séance est levée à trois heures du soir.

EXPOSITION UNIVERSELLE DE 1867.

LISTE des Artistes, Agriculteurs, Horticulteurs, Manufacturiers, etc., du département de Seine-et-Oise, signalés à la Commission impériale par le Comité départemental (1).

PREMIER GROUPE.

MM.

Duc de Luynes, à Dampierre, propriétaire. (Objets d'art).

Michelez (A.-L.), à Lardy, paysagiste. (Tableaux.)

Peullet, à Montfermeil, graveur. (Gravure sur bois pour les journaux illustrés.)

Rouget et Minne, à Bougival, artistes-graveurs sur bois. (Gravures.)

DEUXIÈME GROUPE.

Veuve Buffet, Crampon et Guy, à Mantes-la-Ville, au nom de l'Association des ouvriers luthiers, fabricants d'instruments de musique. (Instruments divers de musique.)

Villemer, à Pontoise, papetier, imprimeur-lithographe. (Papiers autographes, carton de bureau, reliure mobile omnibus.)

TROISIÈME GROUPE.

Berthoud, à Argenteuil, horloger. (Régulateur.)

Blavet, à Etampes, quincaillier. (Nouveau système de candélabre pour l'éclairage public.

---

(1) Il y a lieu de faire observer, que par suite du groupement des produits arrêté, la répartition des expositions s'élève au nombre de 142 pour seulement 128 chefs d'établissement présentés dans cette liste.

MM.

Bussard, à Versailles, horloger de précision. (Pièces d'horlogerie.)

Chéron et Dupérier, à Méry-sur-Oise, fabricants de couverts. (Spécimens de couverts en imitation.)

Herliez, à Versailles, horloger. (Pièces entières et de détail pour l'horlogerie.)

Huard frères, à Versailles, horlogers de précision. (Pièces d'horlogerie.)

Huvey (J.), à Limours, potier. (Poteries diverses.)

Lecocq, à Argenteuil, horloger. (Chronomètres.)

Lemaire, à Dammartin, fabricant. (Tapis en soie végétale.)

Lonquet, à Gambais, fabricant. (Poteries artistiques.)

Manufacture impériale de Sèvres. (Porcelaines de luxe.)

Montandon frères, à Rambouillet, fabricants. (Ressorts d'horlogerie.)

QUATRIÈME GROUPE.

Ansault, à Versailles, tailleur. (Vêtements.)

Blétry, à Villepreux, filateur. (Châles-cachemire.)

Dujoncquoy et fils, à Sainte-Mesme, filateurs-fabricants. (Bonneterie.)

Feray, à Essonnes, filateur. (Produits de sa fabrique.)

Guyon, à Essonnes, fabricant. (Couvertures de laine.)

Langevin, à La Ferté-Alais, filateur. (Bourres de soie.)

Lemaire, à Dammartin, fabricant. (Articles de gymnastique, jouets.)

Lemaire-Daimé, à Andresy, manufacturier. (Articles pour fumeurs et jouets d'enfants.)

Mantin frères, à Arpajon, fabricants de chaussures clouées par procédé mécanique. (Chaussures.)

Martin, à Saint-Léger-en-Yveline, arquebusier. (Armes.)

Ottenheim fils et Roblin, à Versailles, tanneurs et fabricants. (Cuirs et chaussures à vis.)

Ratier, à Bezons, fabricant. (Vêtements et objets en caoutchouc.)

Roux, à Essonnes, fabricant. (Couvertures de laine.)

Seure, à Saint-Arnoult, fabricant. (Tissus de crins.)

CINQUIÈME GROUPE.

Baudry, à Athis-Mons, maître de forges. (Fontes.)

MM,

Baumann, à Bougival, fabricant. (Blancs, dit d'Espagne.)

Bertrand (Charles), à Maule, apiculteur. (Miels et cires.)

Bordier (L.-J.), à Vienne-en-Arthie, fabricant. (Epingles.)

Chenet, à Magny-en-Vexin, tanneur. (Cuirs.)

Cotereau, à Athis-Mons, maître de forge et fabricant d'acier. (Produits de son usine.)

Gribier et Cie, à Viroflay, fabricant. (Epingles.)

Darblay fils et Béranger, à Corbeil, minotiers et fabricants d'huiles de colza. (Huiles.)

Decourt, à Essonnes, constructeur. (Mécanicien.)

Feray, à Essonnes, constructeur. (Produits de sa fabrique).

Gaillen, à Longjumeau, tanneur. (Cuirs tannés.)

Gilbert (Victor), à Wideville, cultivateur-éleveur. (Toisons, mérinos.)

Lange-Allain, aux Mureaux, fabricant. (Miniums, mastics.)

Lasne (Jean-Baptiste), à Bretigny, cultivateur. (Lins.)

Lavallée (A.), à Saint-Sulpice-de-Favières, propriétaire. (Produits du bronze de Schrader et mémoires.)

Lefebvre (Charles), à Sainte-Escobile, cultivateur-éleveur. (Toisons.)

Michaux (J.), à Bonnières, distillateur-épurateur. (Huiles minérales.)

Millet (Ch.), à Saint-Ouen-l'Aumône, fabricant de cuirs. (Cuirs.)

Morizot (Compagnie de la Vieille-Montagne), directeur à Bray-et-Lû, usine à zinc. (Produits en zinc.)

Rémery, Gautier et Cie, à Persan, métallurgistes. (Ressorts, essieux et pièces de forge.)

Robert et Cie, à Poigny, usiniers. (Feuilles d'étain.)

Rousseau (L.), à Angerville, agriculteur-éleveur. (Toisons.)

Tétard (Arm.), à Mortière, agriculteur, distillateur, huillier. (Produits agricoles.)

SIXIÈME GROUPE.

Baron, à Rambouillet, pompier. (Pompes.)

Bélier (association des carriers de Pontoise, à Méry-sur-Oise). (Matériaux de constructions.)

Benoist (Y.), à Étampes, constructeur-mécanicien. (Instruments agricoles.)

Bouez (Ad.), à Hodent, fabricant. (Filatures de coton et retorderies.)

MM.

Bourbon, à Versailles, serrurier. (Serrure spéciale galvanisée.)

Caligny (marquis de), à Versailles, propriétaire. (Machines hydrauliques.)

Veuve Champion, à Jouars, tuilier. (Tuyaux de drainage et autres produits.)

Charlot, à Arnouville, charron. (Charrues.)

Comice agricole de Seine-et-Oise, association. (Instruments et machines agricoles de Seine-et-Oise.)

Criton, à Noisy-le-Roi, fabricant. (Piéges.)

Decauville (A.), à Évry-sur-Seine, agriculteur et constructeur. (Machines à vapeur agricoles, etc.)

École de Grignon, école impériale. (Instruments agricoles.)

Falhon, à Versailles, serrurier. (Nouveau système de serrure.)

Flament et Cie, à St.-Ouen-l'Aumône, scierie mécanique. (Spécimens.)

Fortin, à Étréchy, fabricant. (Meules pour la meunerie.)

Gautereau, à Dourdan, constructeur-mécanicien. (Instruments d'agriculture.)

Gratiot (Amédée), à Essonnes, directeur-gérant de la papeterie. (Papiers.)

Guilbert, à Guisseray, fabricant de fils et ficelles. (Fils et ficelles de toutes couleurs.)

Guitel, à Mézières, marchand de chardons. (Chardons à carder.)

Hamard, à Pontchartrain, tuilier. (Produits en terre cuite.)

Huvey (J.), à Limours, potier. (Poteries diverses.)

Jassenne, à Corbeil, receveur municipal. (Turbine aérienne.)

Veuve Joly et héritiers, à Argenteuil, constructeurs de ponts en fer. (Modèle de combles et ponts en fer, dessins.)

Josse (Louis), à Ormesson, cultivateur. (Crible à grains.)

Keller et Cie, à Port-Marly, manufacturier. (Impressions sur étoffe.)

Labrousse, à Pontoise, lieutenant de vaisseau. (Canots de plaisance.)

Langler père et fils, à Versailles, chefs d'institution. (Machine à régler le papier.)

Léger et **Bazire**, à Bray-et-Lû, filateurs. (Mèches en coton pour bougies, cotons filés pour toutes industries.)

Lemaire, à Dammartin, fabricant. (Cordages de couleur, articles de sellerie.)

MM.

Mansion, à Bougival, serrurier. (Objets de serrurerie.)

Mesnier, à Pontoise, mécanicien-constructeur. (Machines diverses.)

Metcalfe, à Meulan, manufacturier. (Cardes.)

Morlot père, à Essonnes, directeur de tissage. (Nouvelle mécanique Jacquart.)

Paturel et Boyer, à Linas, fabricants. (Cravaches et fouets.)

Pourtalès (comte de), à Bandeville, propriétaire-agriculteur. (Charrue sous-sol, plans de bâtiment de ferme ; tuiles, tuyaux, carreaux.)

Privé (A.), à Étréchy, mécanicien. (Trieur.)

Société d'Écharcon, à Écharcon, papeterie. (Papiers.)

SEPTIÈME GROUPE.

Barbé (G.), à la Ménagerie, agriculteur-distillât. (Produits agricoles.)

Bourgeois, à Prunay-sous-Ablis, agriculteur. (Produits.)

Brou, à Mareil-en-France, distillateur-agriculteur. (Produits agricoles, alcools.)

Comice agricole de Seine-et-Oise, association. (Produits agricoles de Seine-et-Oise.)

Dailly (Ad.), à Trappes, agriculteur-distillateur. (Produits agricoles. fécules, flegmes.)

Darblay fils et Béranger, à Corbeil, minotiers et fabricants d'huiles de colza. (Farines, issues, etc.)

Decauville (Am.), à Évry-sur-Seine, agriculteur et constructeur. (Produits agricoles.)

Decauville (Ad.), à Bois-Briard, agriculteur-distillateur. (Produits agricoles.)

Decauville (Cam.), à Tigery, agriculteur-distillateur. (Produits agricoles.)

Dires et Cie, à Mareil-en-France, fabricant de sucres. (Sucres.)

École de Grignon, école impériale. (Produits agricoles.)

Gilbert (Ernest), à Montigny, cultivateur. (Produits agricoles.)

Gontier, à Saint Martin-la-Garenne, cultivateur. (Asperges.)

Lasne (J.-B.), à Bretigny, cultivateur. (Céréales.)

Lefebvre (Honoré), à Fontenay, propriétaire, meunier-boulanger. (Pains de son usine.)

MM.

Lizieux (Pierre-François), à Conflans-Sainte-Honorine, cultivateur-horticulteur. (Fruits, raisin.)

Mainfroy, à Bandeville, minotier (Farines et issues.)

Arrondissement de Mantes, société de producteurs. (Produits agricoles de toute nature.)

Michaux (J.), à Bonnières, distillateur-épurateur. (Alcools.)

Pasquier (Edouard), Trou-Guyancourt, agriculteur-distillateur. (Produits agricoles.)

Petit (Charles), à Champagne, agriculteur. (Produits agricoles.)

Pigeon (Adrien), à Villepreux, agriculteur-féculier. (Produits agricoles.)

Pigeon (Alexandre), à Saclay, agriculteur-distillateur. (Produits agricoles.)

Pluchet (Emile), à Trappes, agriculteur-distillateur. (Produits agricoles.)

Rabourdin (Henri), à Orsigny, agriculteur-distillateur. (Produits agricoles.)

Sanglier (Charles), à Brüis-sous-Forges, agriculteur-distillateur. (Produits agricoles.)

Tétard (Armand), à Mortière, agriculteur, distillateur, huilier. (Produits agricoles.)

Thirouin, à Allainville, agriculteur. (Produits.)

HUITIÈME GROUPE.

Baroche (E.), à Juziers, propriétaire-éleveur. (Béliers.)

Bergerie impériale de Rambouillet, baron Daurier, directeur, élevage de moutons mérinos. (Béliers et brebis.)

Comice agricole de Seine-et-Oise, association. (Produits des éleveurs de Seine-et-Oise.)

Cugnot (F.) à la Douarière, cultivateur-éleveur. (Béliers et brebis.)

Fréville (P.), à Soindres, agriculteur-distillateur-éleveur. (Animaux de l'espèce bovine.)

Gilbert (Victor), à Wideville, cultivateur-éleveur. (Béliers et brebis mérinos.)

Lefebvre (Charles), à Sainte-Escobile, cultivateur-éleveur. (Moutons.)

Letroteur, à Rambouillet, éleveur. (Moutons mérinos.)

MM.

Arrondissement de Mantes, société de producteurs. (Animaux.)

Pluchet (Emile), à Trappes, cultivateur-éleveur. (Béliers et brebis.)

Société d'agriculture de Seine-et-Oise, M. le comte d'Abzac, directeur du haras de Milon-la-Chapelle, dépôt d'étalons. (Produits des étalons.)

NEUVIÈME GROUPE.

Deseine, à Bougival, pépiniériste. (Produits horticoles.)

Gendrop, à Arpajon, grainetier. (Graines de légumes et de fleurs, collection recueillie dans le canton d'Arpajon.)

Laquas, à Presles, spécialité de serres. (Serres hollandaises.)

Société d'horticulture de Pontoise. (Produits horticoles.)

Société d'horticulture de Seine-et-Oise. (Produits horticoles.)

Supplice, à l'Isle-Adam, spécialité pour vitres de serres. (Vitres.)

DIXIÈME GROUPE.

Couturier, à Magny-en-Vexin, fabricant. (Chaises de luxe et communes.)

Devé (Louis-Augustin), à Saint-Gervais, fabricant. (Chaises communes et variées.)

Duchesne (François), à Presles, instituteur à Presles. (Manuscrit méthodique d'arithmétique.)

Fenestre-Guiton, à Saint-Cyr-l'Ecole, fabricant. (Paillassons en joncs.)

Mantin frères, à Arpajon, fabricants. (Chaussures clouées par procédé mécanique.)

La présente liste a été arrêtée en séance générale par les membres du Comité de Seine-et-Oise, à Versailles, le 28 novembre 1865.

LISTE DES OUVRIERS présentés comme pouvant être utilement envoyés à l'Exposition universelle de 1867, en qualité de Délégués du département de Seine-et-Oise, avec mission d'étudier les Objets qui rentrent dans leur spécialité et d'en rendre compte dans un rapport, si cela est possible.

N°˙ d'ordre des cartes.	NOMS DE L'OUVRIER.	DOMICILE.	PROFESSION.	DÉSIGNATION DE L'ÉTABLISSEMENT.	NOM DU PATRON.
			ARRONDISSEMENT D'ÉTAMPES.		
1	Boivin (Charles)	Étampes	Lampiste	Fabrique de lampes	Moulé.
2	Rauzet (Eugène-Joseph)	id	Sculpteur en bois	»	»
3	Diami (Léopold)	id	Bonnetier	Fabriq. de bonneterie drapée.	Veuve Broyard et Brinon.
4	Debonnaire (Adolphe)	id	Mécanicien	Fab. de mach. à battre	Benoist.
5	Dugas (Alexis-Louis)	id	Tailleur de pierres	Taille de pierre et marbre.	Berlière (Jules).
6	Cailloux (L.-Eug.-Onésine)	id	Mécanicien	Const°ⁿ de machines.	Pécourt et Raccord
7	Bourdelot (Théophile)	Pont-de-Villiers.	Chef de culture	Ferme	Marquis de Selve.
8	Millard (Alexandre)	Beaune	Contremaître	Filature	Langevin.
9	Didier (Antoine)	id	id	id	id.
10	Grenault (Jules)	Janville	id	Retorderie	Michelez.
11	Procureur (Charles)	id	id	Fabrique de lacets	id.
12	Rabioulle (Alphonse)	Lardy	Mécanicien	id	id.
13	Langlois (Alexis)	id	Forgeron	Retorderie	id.
14	Rabioulle (Émile)	id	Mécanicien	Fabrique de lacets	id.
15	Caillé (Pierre)	id	Tourneur	id	id.
16	Langlois (Alexandre)	id	Menuisier	id	id.
17	Boucher (Aristide)	id	Ajusteur	Retorderie	id.
18	Regnault (Cyrille)	id	Chef de culture	Ferme	Gozzoli.

ARRONDISSEMENT DE CORBEIL.

19	Mougue (Olivier)	Corbeil	Serrurier-mécanicien	Cie de Pompière	Jassenne.
20	Boudon (Jules)	id	Maçon	id	id.
21	Langlois (François)	id	Menuisier	id	id.
22	Rouget (Charles-Joseph)	id	Employé	id	id.
23	Pelletier (Jacques)	id	Mécanicien	id	id.
24	Charles (Louis)	id	Charron	id	id.
25	Nottebert (Charles)	Evry-sur-Seine	Journalier	Usine de Petit-Bourg.	Decauville.
26	Pelé (Léon)	id	Jardinier	id	id.
27	Pierrot (Baptiste)	id	Maçon	id	id.
28	Barolet (Vincent)	Essonnes	Serrurier-mécanicien	Chante-Merle.	Feray.
29	Voisine (Joseph)	id	Fileur	id	id.
30	Bolay (Jean)	id	Contre-maître à la filature	id	id.
31	Archambault aîné	id	Serrurier-mécanicien	id	id.
32	Casu	Corbeil	id	id	id.
33	Moussard (Pierre)	Essonnes	Tisserand	id	id.
34	Montagne (Réné)	Boissy-Saint-Léger	Cantonnier-chef	Ponts et chaussées	Philippe.
35	Maillard (Etienne)	Corbeil	Agent-voyer surnuméraire	Chemins vicinaux	Kasmann.

ARRONDISSEMENT DE RAMBOUILLET.

36	Bourcier (Isidore)	Limours	Commis	Fabrique de poterie	Veuve Huvey.
37	Corbeau (Jules)	Dourdan	Mécanicien	Fabrique d'instrum	Gautreau.

N° d'ordre des cartes.	NOMS DE L'OUVRIER.	DOMICILE.	PROFESSION.	DÉSIGNATION. D'e L'ÉTABLISSEMENT.	NOM DU PATRON.
			Suite de l'Arrondissement de Rambouillet.		
38	Jousselin.............	Saint-Cyr-sous-Dourdan.	Contre-maître.......	Ateliersdecharronn. et serr., à Bandeville.	Cte de Pourtalès.
39	Moreau..............	Rambouillet....	id........	Fabrique de ressorts.	Montandon.
40	Brossard (Désiré)........	Allainville.....	Cultivateur.........	Ferme.............	Thirouin.
41	Breton (Fortuné)........	Rambouillet...	Ouvrier forgeron....	Atelier de forg.-charr.	Breton.
42	Groux (Ferdinand)........	id.......	Chef de culture....	Ferme impériale.....	Bon Daurier.
43	Pocquet (Casimir).......	Sainte-Même...	Ouvrier de filature...	Villebrun...........	Dujoncquoy.
44	Coulon..............	Rambouillet...	Chef d'atelier.......	Fabrique de ressorts.	Montandon.
45	Guyard..............	id.......	id........	id.........	id.
46	Lesimple (Gabriel).......	Dourdan.......	Mécanicien.........	Fabrique d'instrum..	Gautreau.
47	Bambion (Jules).........	id.......	Ajusteur...........	id.........	id.
48	Thouin (Frédéric).......	Sainte-Même...	Ouvrier de filature...	Villebrun...........	Dujoncquoy.
49	Maillard (Louis)........	Rambouillet....	Ouvrier peintre.....	»	Gérard.
50	Grégoire (Désiré).......	id.......	Ouvrier mécanicien..	»	Grégoire.
51	Anger (Louis)..........	id.......	Maréchal-ferrant....	Ferme impériale.....	Bon Daurier.
52	Bideau...............	Longvilliers....	Contre-maître.......	Tuil. méc. de la Bâte.	Cte de Pourtalès.
53	Boquet (Léon).........	Choisel........	Chef de culture.....	Ferme de la Filodière.	Thirion.
54	Puteaux (Charles).......	Chevreuse......	Cultivateur.........	Maraîcher-fleuriste...	Fossé.
55	Piquet...............	Limours.......	Charretier de labour.	»	»
56	Guyard fils aîné.........	Briis-s.-Forges..	Horticulteur........	»	»
57	Benoist..............	Marcoussis.....	Commis carrier......	»	»
58	Bourdeaux (Charles).....	Dourdan.......	Contre-maître.......	Fabr. d'instr. d'agric.	Gautreau.
59	Pellachau (Philidor)......	id.......	Ajusteur...........	id.........	id.
60	Planche (Juste).........	id.......	Mécanic. et comptable.	id.........	id.

61	Douet (Louis)...........	Montfermeil....	Conducteur de travaux de maçonnerie....	»	Plet.
62	Corion (Emile)..........	id.......	Cond. de trav. de terr.	»	Mignot.
63	Bourdelet (Eugène)......	Méry..........	Cultivateur........	Château de Méry....	De Lamoignon.
64	Reichard (Michel)........	id.......	Mécanicien........	Chéron et Duperrier..	»
65	Vistel (Laurent).........	Persan........	Forgeron..........	Remery, Gauthier et compagnie.......	»
66	Clément (Pierre)........	id.......	Tourneur..........		»
67	Levasseur (Louis-Vincent).	Beaumont......	Passementier.......	Fabrique de passem..	Riverin.
68	Bully (Jules)...........	Louvres.......	Distillateur........	»	Devouge et Cie.
69	Vernier (Elie-Augustin)...	Viarmes.......	Mécanicien........	»	Chez son père.
70	Duvivier (Spire).........	id.......	Menuisier.........	»	Boulard.
71	Frapart (Aug.-Nic. fils)...	Montmorency...	Contre-maître en menuiserie d'art.....	»	Bridaut.
72	Prunières (Ernest).......	Napoléon-St-Leu.	Contre-maître charp..	»	Cassan.
73	Laude (Hubert).........	Bethemont.....	Directeur de la Ferme de Montauglan....	Ferme de Montauglan.	Tordeux (Henry).
74	Remy (fils)...........	Pontoise.......	Jardinier..........	»	Son père.
75	Vallerand.............	Taverny.......	id........	»	Rosciaux.
76	Mettelet.............	Enghien.......	id........	»	Gauvin.
77	Pislène..............	Pontoise.......	id........	»	Poiret.
78	Prévost (fils)..........	Saint-Prix....	id........	»	Son père.
79	Binet (Désiré)..........	Pontoise.......	Maçon............	»	Delaunay.
80	Dailly (Charles-Etienne)..	id.......	Mécanicien........	»	Etienne.
81	Boussin (Lucien).......	id.......	Ajusteur..........	Scierie mécanique...	De Rochetel. De Lempdes.
82	Dangueuger (Arsène).....	id.......	Imprimeur.........	»	Dufey.
83	Pistorius (Gustave)......	id.......	Menuisier.........	»	Ducerf.
84	Harissart (Joseph)......	St-Ouen-l'Aum..	Tanneur..........	»	Millet.
85	Fontenay (Hyac.-Julien)..	id.......	Charpentier........	»	Fromentin.

Nos d'ordre des cartes	NOMS DE L'OUVRIER.	DOMICILE.	PROFESSION.	DÉSIGNATION DE L'ÉTABLISSEMENT.	NOM DU PATRON.
			ARRONDISSEMENT DE VERSAILLES.		
86	Thiébaut (Jean-Baptiste)..	Trappes.......	Commis de ferme....	Exploitation agricole.	Emile Pluchet.
87	Henry.............	id.......	Charron.............	»	»
88	Allonde............	Versailles......	Menuisier...........	»	Bernard.
89	Gobert (Prosper).........	Trappes.......	Contre-maître de distillerie agricole....	Distillerie agricole...	Emile Pluchet.
90	Velu (Charles)..........	Versailles......	Horloger...........	Fabrique d'horlogerie	Herliez.
91	Dax (Victor)..........	id.......	Menuisier...........	Dax père...........	Dax père.
92	Cacheux (Albert)........	id.......	Typographe.........	Imprimerie..........	Beau jeune.
93	Thibout............	Trappes.......	Contre-maître de féculerie............	Féculerie de Trappes.	Dailly (Ad.).
94	Meyer (Joseph).........	Versailles......	Tailleur de pierres...	»	Blanchet.
95	Lejeune (Auguste).......	Argenteuil.....	Construction de ponts en fer.	Usine Joly.........	Joly (veuve et héritiers).
96	Lejeune (Louis)........	id.......	Modeleur en bois....	id.........	id.
97	Secqueville...........	id.......	Grosse chaudronnerie.	id.........	id.
98	Joly (Augustin)........	id.......	Serrurier..........	id.........	id.
99	Legal.............	id.......	Mécanicien.........	id.........	id.
100	L'Ermite...........	id.......	Charron............	id.........	id.
101	Delaboche..........	id.......	Const. de ponts en fer.	id.........	id.
102	Laval.............	id.......	Petite chaudronnerie.	id.........	id.
103	Boité.............	id.......	Serrurier..........	id.........	id.
104	Quentin............	id.......	Charpentier.........	id.........	id.
105	Farigol (Etienne)........	Versailles......	Terrassier et draineur.	»	»

106	Sazy...................	id......	Tailleur............	Tailleur............	Ansault-Berthault.
107	Bucquet (François-Alex.).	id......	Bottier.............	Cordonnerie........	Chollet aîné.
108	Pioger.................	Jouy-en-Josas..	Agent de culture....	Exploitation agricole.	Labouchère (Alf.)
109					
110					
111	Inconnus..............	Meulan........	Cardeurs...........	Fabrique de cardes. .	Metcalf.
112					
113					
114					

NOTA. — Le membre du Comité chargé des présentations d'ouvriers-délégués pour l'*arrondissement de Mantes* n'ayant adressé aucune liste, celles des autres arrondissements ont été arrêtées aux nombres suivants :

Étampes.................	18 ouvriers délégués.	
Corbeil.................	17	id.
Rambouillet.............	25	id.
Pontoise................	25	id.
Versailles..............	29	id.
Ensemble...........	114	id.

LETTRE DE M. LE SECRÉTAIRE

A M. LE PRÉSIDENT DU COMITÉ,

Sur l'emploi de la subvention départementale.

Versailles, le 8 août 1868.

A M. le duc de Padoue, sénateur, président du Comité de Seine-et-Oise.

MONSIEUR LE PRÉSIDENT,

Je viens de recevoir le compte des opérations du Comité, dressé et arrêté à la date du 6 courant par M. le Trésorier. Je m'empresse de répondre à la demande dont vous m'avez honoré, en extrayant de ce compte et en vous présentant celui qui a pour objet particulier de justifier de l'emploi fait de la somme de 2,000 francs allouée au Comité par le Conseil-Général.

Dans sa séance du 11 juillet 1867, le Comité départemental avait décidé qu'il pensait ne pouvoir faire un plus utile emploi de l'allocation du département qu'en l'appliquant à la dépense à faire pour l'envoi d'ouvriers-délégués à l'Exposition universelle, avec mission de la visiter et de rendre compte, autant que possible, de leurs observations spéciales. Pour la réalisation de ce projet les sous-comités d'arrondissement furent chargés des présentations et elles amenèrent la formation d'une liste de 114 ouvriers appartenant aux principales industries du département.

Sans vouloir limiter le séjour de l'ouvrier-délégué jouissant d'une carte d'entrée de semaine, le Comité ayant estimé que, d'une part, il pouvait en quatre jours rendre sa visite fructueuse, et que de l'autre ses obligations de travail ne lui permettaient guère, en général, de s'y soustraire plus longtemps, décida qu'il y avait lieu de lui remettre une somme de seize francs représentant, aux termes des avantages stipulés dans la lettre de M. le Président de la Commission d'encouragement pour les études d'ouvriers, la dépense de quatre journées au prix moyen de quatre francs l'une. — L'exposition agricole de Billancourt et l'entrée du jardin réservé dans le parc du Champ-de-Mars ne pouvant rester en dehors de la visite générale, le Comité dut élever à dix-sept francs l'indemnité à compter à chacun de ses ouvriers-délégués.

Cent huit ouvriers, sur les cent quatorze désignés, retirèrent leur carte nominative, visitèrent de la manière la plus sérieuse l'Exposition universelle; un grand nombre écrivit pour remercier de la désignation dont il avait été honoré, et quelques-uns joignirent à leur lettre des observations sommaires sur ce qui les avait le plus frappé dans le cours de leurs visites.

Donc, sur les 1,938 fr. destinés à acquitter l'indemnité de 17 francs aux 114 ouvriers admis, 1,836 francs seulement furent dépensés pour les 108 qui se présentèrent au Bureau spécial de l'avenue Rapp. — Je dois ajouter que les 164 francs qui soldent l'allocation de 2,000 francs du Conseil-Général ont été employés aux frais d'impression des cartes, tableaux, circulaires et aux menues dépenses que cette intéressante délégation a motivés.

Telle est, Monsieur le Président, d'une manière succinte, mais complète et exacte, l'emploi qui a été fait par le Comité de Seine-et-Oise des fonds que le Conseil-Général avait jugé à propos de mettre à sa disposition à l'occasion de l'Exposition universelle de 1867.

Je suis avec le sentiment le plus respectueux,
Monsieur le Duc,

Votre très-humble et très-dévoué serviteur,

L. RICHARD DE JOUVANCE.

FAITS GÉNÉRAUX

Extraits des documents officiels publiés par la Commission impériale.

En 1851, il y avait eu à Londres 6,039,000 entrées payantes ; à Paris en 1855, on en avait compté 5,162,000, dont 4,180,000 pour l'industrie et 982,000 pour les beaux-arts (ces derniers occupaient un bâtiment séparé). En 1862, il y eut 6,211,000 visiteurs. En 1867, les visiteurs ont atteint un nombre bien supérieur à ce qui s'était vu à Londres la dernière fois.

Entrées par les tourniquets   9,826,000
Billets de saison.   5,460
Abonnements de semaine.   90,226

Les abonnements de semaine devant être comptés pour trois entrées au moins, le nombre de *dix millions* de visiteurs aurait été dépassé :

Il convient de mentionner qu'il y a eu, en 1851, 13,917 exposants ; en 1855, 23,954 ; en 1862, 28,653. En 1867, le nombre en est monté à 50,226 !

Les surfaces totales occupées par l'Exposition de 1867 se composaient ainsi :

	Mètres carrés.	
Palais du Champ-de-Mars (y compris le jardin central). . . .	158,742	88
Parc et berge de la Seine. . . .	277,060	12
Jardin réservé.	48,350	»
Ile de Billancourt.	210,000	»
ENSEMBLE. . . .	694,153	»

L'exposition de la France occupait de ces différentes surfaces : 65,228 mèt. carrés 84 c. dans le palais ; 88,507 mèt. carrés dans le parc ; 2,756 mèt. carrés 52 c. sur la berge ; soit 156,492 mèt. carrés 36 c. au Champ-de-Mars, par 15,025 exposants, et dans l'île de Billancourt, 51,300 mèt. carrés par 482 exposants ; ce qui porte en somme à 207,792 mèt. carrés 36 c. l'espace occupée par la France, et à 15,507 le nombre de ses exposants.

« Si la solennité de 1867 ne s'est pas recommandée par l'apparition d'un gros faisceau de nouveautés saillantes, elle n'en a pas moins servi à la constatation de deux grands faits ; l'un et l'autre multiples dans leurs aspects, l'un et l'autre importants par le degré d'utilité qui s'y rattache. »

« Le premier, c'est, avec un nombre restreint d'heureuses découvertes, une longue série de perfectionnement de détail apportés aux procédés antérieurement pratiqués. De là autant de ressources nouvelles pour la société. Chacune de ces améliorations tend à développer la *puissance productive* du genre humain et, par conséquent, à multiplier la *richesse* et à propager le bien-être parmi les hommes. »

« Le second consiste en ce qu'un grand nombre d'établissements, principalement de l'ordre manufacturier, qui étaient en activité depuis longtemps, sans prendre beaucoup de peine pour porter leurs procédés à la hauteur où d'autres étaient parvenus, s'y sont décidés ou résignés sous l'aiguillon de la concurrence qui, redoublant d'intensité, ne leur permettait plus d'être stationnaires. »

MEMBRES DES COMITÉS D'ADMISSION

Institués près la Commission impériale

Et domiciliés dans Seine-et-Oise.

Classe 17 : MM. Regnault, directeur de la manufacture impériale de Sèvres.

Salvetat, chef des travaux chimiques, à la manufacture impériale de Sèvres.

— 21 : Christofle (Paul), orfèvre à Brunoy.

— 22 : Thiébault (Victor), fondeur en cuivre, à Montigny-le-Bretonneux.

— 31 : Greliou (H.), négociant, à Verrières-le-Buisson.

— 48 : Rabourdin fils, cultivateur, à Orsigny.

— 50 : Decauville, agriculteur, à Petit-Bourg, Evry-sur-Seine.

— 67 : Béranger, meunier, négociant, à Corbeil.

Heuzé (G.), professeur à l'école de Grignon.

— 74 : Darblay jeune, député, meunier, négociant, à Corbeil.

Richard de Jouvance, ingénieur civil, membre-adjoint, à Versailles.

Classe 77 : MM. Lefebvre, agriculteur, à Sainte-Escobile.

— 78 : Bella, direct. de l'école de Grignon.

— 83 : Hardy, jardinier en chef du potager impérial, à Versailles.

MEMBRES FRANÇAIS DES JURYS DE CLASSE,

Institués pour les produits de l'agriculture et de l'industrie, domiciliés dans le département de Seine-et-Oise.

Classe 50 : MM. le comte R. de Pourtalès, propriétaire - agriculteur, à Saint-Cyr-sous-Dourdan.

— 67 : Darblay jeune, député au Corps législatif, propriétaire-meunier, à Corbeil.

— 78 : Bella, directeur de l'Ecole d'agriculture de Grignon.

— 83 : Hardy, chef des cultures impériales, au potager de Versailles.

EXPOSITION UNIVERSELLE DE 1867.

EXPOSANTS

DU DÉPARTEMENT DE SEINE-ET-OISE,

Les Récompenses qui leur ont été décernées

ET

NOTICES LES CONCERNANT,

Extraites des Rapports du Jury international.

Cette nomenclature est le résultat du dépouillement complet et attentif du Catalogue général (C. G.) de l'Exposition (dernière édition), du Catalogue officiel des exposants récompensés (C. R.), et des XIII tomes qui renferment, avec une introduction par M. Michel Chevalier, les Rapports par groupe et par classe du Jury international. (R. J. I.)

Si la Commission impériale avait dressé par département Français, une liste générale des exposants et des récompenses qui leur ont été décernées, ce travail eut eu une régularité officielle et ne laisserait pas craindre les erreurs et omissions qui peuvent y exister ; mais privé de tout contrôle et n'opérant que sur des documents nombreux, souvent en désaccord, la rédaction du Comité de Seine-et-Oise ne pouvait approcher davantage de l'exactitude. Ce sera son excuse vis-à-vis des exposants qui, par une lacune regrettable, ne figureraient pas dans cette liste ou dont la récompense aurait été erronée, peut-être omise.

GROUPE PREMIER.

Œuvres d'art.

CLASSES 1 et 2. — *Peinture et Dessin.* (*)

M. Bonheur (François-Auguste), à Magny-les-Hameaux, né à Bordeaux, élève de son père. M. 3e cl. en 1852 et 1857 ; 2e cl. en 1859 ; 1re cl. en 1861 et 1863.

C. G., no 48. Souvenir des Pyrénées ; no 49, Souvenir d'Auvergne.

M. Dargelas (Henri), à Ecouen, né à Bordeaux, élève de M. Picot. M. en 1864.

C. G., no 181. Cet âge est sans pitié (salon de 1864) ; no 182, Flagrant délit (salon de 1864).

M. Dupré (Jules), à l'Isle-Adam, né à Nantes, M. 2e cl. 1833 ; ✳ 1849 ; 2e prix, E. U. 1867.

C. G., no 227. Passage d'animaux sur un pont

(*) Signes abréviatifs pour la désignation des récompenses : ✳ (chevalier de la Légion-d'Honneur) ; M. O. (médaille d'or) ; M. A. (médaille d'argent) ; M. B. (médaille de bronze) ; M. H. (mention honorable) ; E. U. (exposition universelle).

dans le Berry; n° 228, Forêt de Compiègne; n° 229,
La Gorge des eaux chaudes (Basses - Pyrénées) ;
n° 230, Une Bergerie dans le Berry; n° 231, La
Route tournante (forêt de Compiègne); n° 232, La
Vanne; n° 233, Souvenir des Landes; n° 234, Un
Marais dans la Sologne; n° 235, Route dans les
Landes; n° 236, La Saulée; n° 237, Le Retour du
Troupeau; et n° 238, Cours d'eau en Picardie.

M. Duverger (Théophile-Emmanuel), à Ecouen, né
à Bordeaux. M. 3ᵉ cl. 1861 et 1863; M. 1865.
C. G., n° 240. Cache - Cache (salon de 1864) ;
n° 241, Le Laboureur et ses Enfants (salon de 1865).

M. Frère (Charles-Théodore), à Montmorency, né
à Paris. M. 2ᵉ cl. 1848; M. 1865.
C. G., n° 267. Café de Galata à Constantinople
(salon de 1865).

M. Frère (Pierre-Edouard), à Ecouen, né à Paris,
M. 3ᵉ cl. 1851; 2ᵉ cl. 1852; 3ᵉ cl. 1855; ✳ 1855.
(*Voy. cl.* 92).
C. G., n° 268. Asile pour la Vieillesse, à Ecouen
(salon de 1861); n° 269, Le Benedicite; n° 270, Les
Premiers pas; n° 271, La Prière; n° 272, La Bi-
bliothèque; n° 273, Les Petits Bucherons; n° 274,
Le Poële; n° 275, Intérieur à Royat.

M. Lambinet (Emile), à Bougival, né à Versailles,
M. 3ᵉ cl. 1843; 2ᵉ cl. 1853 et 1857.
C. G., n° 390. Le Cours de l'Yvette (salon de 1865).

M. Meissonnier (Jean-Louis-Ernest), à Poissy, né à Lyon. M. 3ᵉ cl. 1840; 2ᵉ cl. 1841; 1ʳᵉ cl. 1843; ✠ 1846; M. 1ʳᵉ cl. 1848; M. d'honneur 1855; O. ✠ 1856; membre de l'Institut 1861; E. U. 1867, grand prix.

C. G., nº 449. L'attente (salon 1857); nº 450, Le Maréchal ferrant (salon 1861); nº 451, Portrait de madame Henri Thénard (salon 1861); nº 452, S. M. l'Empereur à Solferino (salon 1864); nº 453, Campagne de France 1814 (salon 1864); nº 454, 1807; nº 455, Lecture chez Diderot; nº 456, Le Capitaine; nº 457, Cavaliers se faisant servir à boire; nº 458, Corps-de-Garde; nº 459, Portrait de M. J. Delahante; nº 460, Lecture; nº 461, L'Ordonnance; nº 462, Renseignements; Le Général Desaix à l'armée du Rhin et de la Moselle.

M. Méry (Alfred-Emile), à Bougival, né à Paris.
C. G., nº 468. Un Pommier (salon de 1863).

M. Ribot (Théodule-Augustin), à Argenteuil, né à Breteuil (Eure). M. en 1864 et 1865.
C. G., nº 528. Les Rétameurs (salon de 1864); nº 529, Saint-Vincent, martyr.

M. Soyer (Paul), à Écouen, né à Paris.
C. G., nº 576. Répétition avant la Messe; Un Jour de fête à Bouqueval (Seine-et-Oise.) (Salon de 1863).

Ouvrages des classes 1 et 2 récompensés au Salon annuel de 1867, et transportés au Champ-de-Mars.

M. Courcy (Frédéric de), à Sèvres, né à Paris.
C. G., n° 639. La Chasse, d'après G. Moreau, émail.

M. Gros (Lucien), à Poissy, né à Wesserling (Haut-Rhin).
C. G., n° 647. Halte de Cavaliers.

CLASSE 3. — *Sculpture.*

M. Dantan (Antoine-Laurent) aîné, à St-Cloud (parc de Montretout), né à St-Cloud. M. 2ᵉ cl. 1824 ; prix de Rome 1828 ; M. 1ʳᵉ cl. 1835 ; ✳ 1843 ; M. 3ᵉ cl. 1855.
C. G., n° 58. Portrait de Mᵐᵉ D..., buste en marbre.

CLASSE 4. — *Architecture.*

M. Questel (Charles-Auguste), au palais de Versailles, né à Paris. M. 3ᵉ cl. 1846 ; 1ʳᵉ cl. 1852 ; ✳ 1852 ; M. 1ʳᵉ cl. 1855 ; O. ✳ 1863 ; E. U. 1867, 2ᵉ prix. (*Voy. his. du trav.*)
C. G., n° 41. Hospice de Gisors (Eure) ; n° 42, Hôtel de Préfecture de Grenoble ; n° 43, Asile clinique d'aliénés, à Paris ; n° 44, Musée-Bibliothèque de la ville de Grenoble.

CLASSE 5. — *Gravure et lithographie.*

M. Devaux (Jacques-Martial), à Arnouville-lès-Gonesse, né à Paris. Prix de Rome en 1848 ; M. 1864.

C. G., n° 39. Portrait de **M.** Henri Giffard, ingénieur (salon 1864); n° 40, Portrait de **M. H.** Lebas, membre de l'Académie des Beaux-Arts (salon 1865); n° 41, Portrait de gentilhomme; Portrait de H. Flandrin, et Portrait de **M. A.** Radigon, architecte.

M. Huguenet (Jacques-Joseph), à Versailles, rue des Bourdonnais, 13, né à Versailles. M. 3ᵉ cl. 1853; 2ᵉ cl. 1855, 1861 et 1863.

C. G., n° 62. Huit gravures : Motifs historiques d'architecture.

M. Rouget (François), à Bougival, hameau de Saint-Michel, né à Nan-sous-Thil (Côte-d'Or).

C. G., n° 108. Neuf gravures sur bois : 1° le Défricheur de bois; 2° La Bergère; 3° Les Chevaux de halage; 4° Le Berger; 5° Une Vue du Luxembourg; 6° La Veillée; 7° Le Travail; 8° Le Château de **M.** le duc de Mouchy, et 9° L'Oiseau ouvrier de l'homme.

GROUPE II.

Matériel et application des arts libéraux.

CLASSE 6.—*Produits de l'Imprimerie et de la Librairie.*

M. Crété (L.-S.) et fils, à Corbeil.

C. G., n° 15. Livres imprimés; Clichés par la galvanoplastie et par la stéréotypie; Gravures et vignettes. — M. O. (1).

---

(1) Toutes les récompenses mentionnées ci-après ont été obtenues exclusivement à l'Exposition universelle de 1867.

Coopérateur : M. Sourdeau (Alexandre), prote, à Corbeil. M. B.

Rapport J. I. Tome II. Pages 31, 37, 38, 43 et 50.

Page 31. — MM.......et, au-dessous, mais souvent à très-peu de distance d'eux, MM.......Crété....... voilà l'élite de nos grandes imprimeries pour tous les travaux qui ont besoin de délicatesse et d'un vif sentiment de l'art.

Page 37. — La réputation, consacrée cette fois, de MM. Crété, de Corbeil, est méritée depuis long-temps par lui, non-seulement pour la beauté vraie de la plupart de ses ouvrages, et en particulier de ses *petits paroissiens*, mais aussi pour la sage et per-sévérante direction d'un atelier créé dans un pays dépourvu d'industrie et successivement doté de toutes les ressources dont l'art de l'imprimerie peut disposer. La maison a été fondée en 1829. Déjà, en 1844, elle possédait dix presses et deux mécaniques. Ses livres de piété et ses tirages en couleur lui va-laient une médaille de bronze. En 1849, M. Crété avait réussi à former soixante ouvrières habiles dans la composition. A côté de ses livres, que distin-guaient leur caractère et le goût de toute leur dis-position, il exposait des chromolithographies égales, dans les qualités moyennes, à celles des meilleurs imprimeurs de Paris. Il tire la vignette avec une grande finesse. Comme M. Martinet, il a contribué à élever le niveau de la fabrication des livres de science, mêlés de chiffres et de dessins sur bois.

M. Minster, à Sèvres.

C. G., n° 66. Gravure d'actions, Mandats et Billets de banque ; Gravure mises en relief pour la typographie. M. B.

R. J. I. Tome II. Pages 40 et 41 :

Page 40. — Un mot encore pour louer les impressions de MM......et Minster......

Page 41. — ....De M. Minster, nous avons vu de bonnes épreuves d'actions industrielles et des clichés en cuivre de musique, d'une pureté étonnante. MM.......et Minster sont d'anciens graveurs sur bois et sur cuivre, appréciés depuis plus de vingt ans.

CLASSE 7.—*Objets de papeterie, reliures, matériel des arts de la peinture et du dessin.*

M. Hennecart (J.-L.) et Cie, à Écharcon, par Mennecy.

C. G., n° 25. Papier blanc et de couleur. M. B.

Société anonyme de la Papeterie d'Essonne, à Essonne.

C. G., n° 46. Papiers blancs et de couleur ; Papiers bulles, brouillards.

M. Villemer (E.-V.), à Pontoise.

C. G., n° 124. Papiers pour l'autographie et dessin à la plume, dispensant de l'emploi de la sandaraque ; Cartons de bureau avec classification spéciale.

CLASSE 8. — *Application du dessin et de la plastique aux arts usuels.*

M. Perot (G.-J.) père, à Argenteuil.

C. G., n° 181. Armes et objets de fantaisie gravés et incrustés. M. B.

R. J. I. Tome II. Page 177. — Nous devons aussi mentionner les excellents spécimens exposés par MM. Perot et.......

M. Tamelier, à Ville-d'Avray.

C. G., n° 230. Dessins industriels.

CLASSE 9. — *Épreuves et appareils de photographie.*

M. Jubert, à l'École impériale de Grignon.

C. G., n° 92. Épreuves de photographie agricole. M. B.

R. J. I. Tome II. Page 217. — Déjà M. Jubert, à l'École de Grignon, s'en est servi pour faire un album dont les planches sont, pour ainsi dire, une illustration des notes des élèves.......

M. Robert (L.), à la manufacture impériale de Sèvres.

C. G., n° 150. Épreuves photographiques ; Reproductions des pièces céramiques de la Manufacture impériale de Sèvres.

R. J. I. Tome II. Page 220. —.......Les diverses manufactures de l'État, chargées avant tout de stimuler le progrès et de maintenir les traditions du goût, pourront publier leurs collections et imiter la Manufacture de Sèvres qui expose un cadre très-remarquable formé par quelques reproductions de son musée céramique et ses plus belles œuvres. Ces photographies, faites sous les ordres de M. Robert, chargé, à Sèvres, de la haute direction des travaux de peinture, formeront une collection complète destinée à la publicité.

CLASSE 12. — *Instruments de précision et matériel de l'enseignement des sciences.*

M. Schultz (capitaine F.-P.-E.), à Meudon, ateliers de l'Empereur.

C. G., n° 3. Appareil dit *chronographe électrique à diapason,* pour mesurer la vitesse des projectiles.

CLASSE 13. — *Cartes et appareils de géographie.*

M. Pousin, à Montmorency.

C. G., n° 17. Carte de la forêt de Montmorency. M. H.

GROUPE III.

Meubles et autres objets destinés à l'habitation.

CLASSES 14 et 15. — *Meubles de luxe, ouvrages de tapissier et de décorateur.*

M. Fourgeau, à Étampes.

Chapelle : Exposition collective d'objets concernant l'art religieux, organisée par M. Levêque, à Beauvais (Oise).

C. G., n° 278. Couverture en ardoises au moyen d'agrafes.

CLASSE 17. — *Porcelaines, faïences et autres poteries de luxe.*

Manufacture impériale de Sèvres (hors concours).
C. G. n° 1. — Objets céramiques de toute nature.

Récompenses décernées aux coopérateurs par le jury international :

Médaille d'or à MM. A. Millet, chef des fours et pâtes ; F. Richard, peintre décorateur qui a composé la palette de couleurs, demi-grand feu.

Médaille d'argent à MM. Goddé, décorateur : nouveau procédé de décoration de porcelaine tendre ; Gély, sculpture pâte sur pâte ; Forgeot, sculpture en pâte ; Gobert peintre sur émail ; Avisse (Paul), ornemaniste ; Roussel, peintre ; Fragonard, peintre ; Schilt, peintre ; Barriat, peintre ; Regnier (Ferdinand), sculpteur en pâte ; Delacour, chef du grand coulage.

Médaille de bronze à MM. Solon, sculpteur en pâte ; Damousse, sculpteur en pâte ; Larue, sculpteur de figures ; Renard, dessins d'ornement ; Brumel-Roques, peintre de figures ; Humbert, peintre de figures ; Cabau, peintre ; Bulot, peintre ; Barré, peintre ; Van-Mark, peintre ; Muleret, ciseleur ;

Ficquenet, décorateur de faïence ; Lelièvre, chef de l'atelier de moulages ; Bastide, poseur de fonds au grand feu ; Bothereau, enfourneur ; Breton, mouleur en plâtres ; Milet (Optat), décorateur de faïence.

R. J. I. Tome III.

Page 154. — La manufacture impériale de Sèvres n'a exposé que quelques pièces de faïence; nous espérions davantage. La magnificence de son exposition de porcelaine dure, la beauté de ses porcelaines tendres, dont nous parlerons bientôt, ne justifient pas une parcimonie qui ressemble jusqu'à une abstention. Il serait fâcheux de voir Sèvres négliger les terres vernissées et les faïences ; il y a là, en effet, mille progrès à accomplir, et pour l'accomplissement desquels l'art à droit de compter sur le personnel de la célèbre manufacture. Dans cette exposition nous ne trouvons guère à citer qu'un vase ovale, dit vase de Trianon. Ce vase, qui mesure près de 1 m. 50 de hauteur, est moulé d'une seule pièce ; au sommet, des enfants, remarquablement modelés, jouent avec des guirlandes de fleurs ; l'émail en est superbe, et le fond bleu surtout en est admirablement réussi; quatre vases Bertin, décorés avec beaucoup de goût par M. Ficquenet; deux vases Louis XIII à engobe coloré par M. Optat Milet ; enfin divers plats, imitation de faïences persanes, de Rouen, de Moustier, etc.., méritent également de fixer l'attention.

Page 163. — On connaît deux sortes de porcelaine tendre, toutes deux à pâte translucide et à
vernis transparent, toutes deux se distinguant de
de la porcelaine dure par la facilité avec laquelle
elles se déforment et se vitrifient au grand feu.
L'une est la porcelaine tendre française, découverte
dans les dernières années du XVIIe siècle, alors
que les potiers de la France cherchaient à lutter
contre l'importation des porcelaines chinoises. Cette
belle matière diffère essentiellement par sa composition des autres produits céramiques ; c'est un verre
demi-fondu plutôt qu'une poterie ; la translucidité
profonde de la pâte, la beauté des glaçures qu'elle
peut recevoir en font un précieux subjectile pour
les décorations les plus fines et les plus élégantes.
C'est là, du reste, son emploi, et elle ne peut
compter comme porcelaine d'usage. Elle a fait longtemps la gloire de la Manufacture de Sèvres, et les
charmants spécimens que nous en ont laissés les
règnes de Louis XV et de Louis XVI ont aujourd'hui
un prix inestimable. Délaissée pendant de longues
années pour la fabrication exclusive de la porcelaine
dure, elle est revenue en honneur de nos jours, et
fournit, entre les mains de nos artistes, des œuvres
qui ne le cèdent en rien au vieux Sèvres.

Pages 164 et 165. — C'est dans la belle collection céramique de la Manufacture impériale de
Sèvres qu'il faut chercher la véritable exposition
de la porcelaine tendre française. Le plus souvent,

il est vrai, les formes restent celles du vieux Sèvres, mais chaque pièce est, comme pâte, comme vernis, comme décor, d'une exécution parfaite. Les beaux vases forme Pâris, les uns en fond bleu de roi, les autres en fond turquoise, le dernier en fond blanc couvert d'un treillage d'or en relief et bruni à l'effet, sur lesquels M. Van-Marck a peint des scènes d'animaux imitées de Troyon ; les vases de mêmes formes, sur le fond blanc desquels M. Froment a peint en camaïeu violet les Quatre Saisons ; les vases charmants décorés par le pinceau de M. Abel Schilt ; les vases feuilles d'eau, les jardinières, les vases cyprès de madame Faraguet, de M. Roussel, de madame Apoil, de M. Trager, que nous citons au hasard, doivent être mis au nombre de ces merveilles céramiques auxquelles Sèvres nous a depuis si longtemps habitués.

Mais ce qui donne à l'exposition de porcelaine tendre de la Manufacture impériale de Sèvres un attrait particulier, c'est la présence de spécimens d'un procédé nouveau de décoration dû à l'un des artistes de cette manufacture, M. Goddé. Ce procédé consiste dans l'emploi d'émaux colorés, rapportés en barbotine, et posés au pinceau sur le fond de la pièce ; c'est un travail qui offre une grande analogie avec celui dont M. Gely obtient sur pâte dure de si excellents effets ; seulement, tandis que celui-ci recherche la transparence, M. Goddé cherche à couvrir la pâte sous un émail opaque. De grands vases, forme Pâris, dont les dessins orientaux sont dus à M. Renard; d'autres vases, forme bouteille, couverts de dessins persans; d'autres surtout, où la pâte est rapportée sous la forme d'un réseau vermiculé, quelquefois blanc, quelquefois coloré, montrent quelles ressources nouvelles le procédé de M. Goddé peut fournir à la décoration de la porcelaine tendre française.

Page 171. — *Fabrication.* — Un beau procédé a été mis en pratique à Sèvres, pour l'extention de la méthode du coulage à la fabrication des grandes pièces. Si l'on verse de la pâte liquide dans un moule en plâtre, l'absorption de l'humidité solidifie la pâte en contact avec les parois, et, par la décantation, on obtient un moulage d'autant plus mince et délicat que l'on a opéré plus vite. Cette méthode, généralisée depuis 1850, a permis à Sèvres et à l'industrie privée de produire des tasses et autres petits objets, d'une légèreté admirable et très-appréciée; mais cette opération ne pouvait pas réussir sur de grandes pièces, car, lorsqu'on décantait le liquide, la partie supérieure de la pâte déposée s'affaissait ou se déformait.

Aujourd'hui à Sèvres, on entoure extérieurement le moule d'une sorte de cloche en tôle, à l'intérieur de laquelle on fait le vide dès que la décantation commence. La pression atmosphérique agissant du côté opposé, grâce à la porosité du plâtre, fixe et comprime avec une égalité parfaite la légère couche

8*

de pâte en contact avec les parois du moule, jusqu'à ce quelle ait acquis la consistance nécessaire pour se soutenir.

Un vase gigantesque, exposé en blanc par la Manufacture de Sèvres, a été coulé ainsi, et montre tout le parti que l'on peut tirer de cette ingénieuse invention. Mais, bien qu'elle remonte à 1862, l'industrie privée ne s'en est pas encore servie.

Page 173. — *Décoration sous émail.* — La pâte blanche, appliquée avec art sur la pâte colorée, produit, par de simples différences d'épaisseur, une décoration d'une extrême douceur et du plus heureux effet. Ces résultats avaient été obtenus déjà en 1862; mais ils ont été, depuis lors, considérablement perfectionnés. Des spécimens d'une exécution et d'une réussite parfaites ont été exposés cette année par Sèvres, par.....

Page 173 et 174. — *Décoration sur émail.* — *Découvertes des couleurs dites demi-grand feu.* — La dureté de l'émail est un grand écueil pour le peintre sur porcelaine dure, et, loin d'obtenir aisément, comme sur la porcelaine tendre, une glaçure brillante et uniforme, il est excessivement rare que les demi-teintes n'aient pas un aspect terne et désagréable à l'œil. Aussi doit-on considérer comme une heureuse découverte les nouvelles couleurs inventées par M. Richard, peintre à Sèvres, et exposés par la Manufacture impériale, sous le nom de *couleurs au demi-grand feu.* Les porcelaines dures peintes avec ces couleurs présentent les tons les plus variés et les plus riches, aussi brillants, aussi glacés que les plus belles porcelaines tendres. Des spécimens de ce genre, avaient déjà paru à Londres en 1862, mais ce n'était alors qu'une indication de ce qu'on espérait faire et de ce qu'on a aujourd'hui réalisé. L'industrie privée ne s'est pas encore emparée de ce genre, et c'est un horizon nouveau qui s'ouvre pour la belle peinture ; il y a lieu d'espérer que les artistes, assurés de leurs effets, n'hésiteront plus à travailler sur la porcelaine et de se servir de la riche palette qui leur est offerte.

Page 175 et 176. — Les Manufactures subventionnées ont été mises hors concours, par cette raison qu'elles disposent de ressources qui mettent l'industrie privée hors d'état de lutter contre elles à armes égales ; mais il faut constater que les produits exposés par Sèvres, par Berlin, par Meissen, par Saint-Pétersbourg et par Copenhague sont la preuve incontestable de l'utilité de ces établissements, en dépit des attaques dont ils sont parfois l'objet. Seuls, en effet, ils peuvent entreprendre des travaux d'art, sans se préoccuper de la question d'argent, et la plupart des pièces exposées prouvent que leurs efforts sont souvent heureux.

Page 180. — Il nous reste à parler du groupe des marchands en détail de Paris..... La plus grande partie des pièces qu'ils exposent est peinte par des artistes de Sèvres, qui leur consacrent le temps dont la manufacture les laisse libres de disposer.

MM. Létu et Mauger, à l'Isle-Adam.
C. G., n° 23. Biscuit blanc; Objets d'art; Statuettes et Groupes de fantaisie; Sujets religieux. **M. A.**

M. Meyer (Alfred), à Sèvres.
C. G., n° 60. Peintures artistiques; Imitation d'anciens émaux. **M. B.**

CLASSE 23. — *Horlogerie.*

M. Bussard (G.-D.), à Versailles.
C. G., n° 5. Montres marines; Chronomètres de poche. **M. B.**

M. Wagner (J.) neveu, à Rueil.
C. G., n° 16. *Mémoire* sur les influences de la pression atmosphérique sur les pendules et les balanciers régulateurs.

M. Berthoud (P.-L.-P.), à Argenteuil.
C. G., n° 32. Pendule astronomique.

M. Herlicz (A.-L.-A.), à Versailles.
C. G., n° 65. Echappements, Montres, Chronomètres de poche, Pièces détachées. **M. B.**

M. Lecoq (L.-J.), à Argenteuil.
C. G., n° 75. Chronomètres de bord et de poche. **M. B.**

M. Christophe, à Angerville.

C. G., n° 116. Nouveau système d'horloges. M. H.

M. Steinmann, à Montlignon.

C. G., n° 225. Petites pendules portatives.

M. Ferret (E.-A.), à Corbeil. (*Voy. groupe 4. cl.* 60.)

C. G., n° 234. Fournitures d'horlogerie. M. B.

CLASSE 24. — *Appareils et procédés de chauffage et d'eclairage.*

M. Anez, à Meudon. (*Voy. cl.* 83.)

C. G., n° 24. Calorifère à air chaud saturé. M. B.

R. J. I. Tome III. Page 364. — Dans le but de régler plus exactement le degré hygrométrique, M. Anez a placé un bassin plein d'eau à la sortie du calorifère, de telle sorte que la vaporisation ne se fait que par le passage de l'air chaud sur la surface du liquide. Cette disposition peut être appliquée également aux petits calorifères d'appartement, et elle est de nature à rendre moins pénible à respirer l'air fourni par ces appareils. La suppression complète de toute surface de chauffe métallique est un des moyens les plus efficaces d'empêcher l'altération de l'air.

GROUPE IV.

Vêtements (tissus compris), et autres objets portés par la personne.

CLASSE 33. — *Dentelles, tulles, broderies et passementeries.*

M. Gilbert (J.-E.), à Argenteuil.
C. G., n° 129. Broderies à la mécanique.

CLASSE 35. — *Habillement des deux sexes.*

M. Mantin frères, à Arpajon. (*Voy. groupe* 10, *cl.* 91.)
C. G., n° 166. Chaussures rivées.

M. Bourgeois (J.-F.), à Versailles.
C. G., n° 215. Fleurs en cheveux.

CLASSE 37. — *Armes portatives.*

M. Noël (S.-A.), à Saint-Germain-en-Laye.
C. G., n° 90. Revolvers, dits *Rotovelvers* à 12 coups, pouvant donner un nombre indéfini de coups, au moyen d'un changement de barillet.

M. Challeton de Brughat (J.-F.-F.), à Montauger, commune de Lisses. (*Voy. cl.* 40 *et* 90.)
C. G., n° 93. Armes se chargeant par la culasse.

Classe 38. — *Objets de voyage et de campement.*

M. Guyon (Edmond), à Essonne.
C. G., n° 39. Couvertures de laine et de coton.

M. Lemaire (N.-D.), à Dammartin.
C. G., n° 44. Tente avec appareils de gymnastique et de chevaux de bois; Hamacs; Cordages et
Tapis de soie végétale et de coco; Objets de passe-
menterie et de sellerie.

GROUPE V.

Produits (bruts et ouvrés) des industries extractives.

Classe 40. — *Produits de l'exploitation des mines et de la métallurgie.*

M. Challeton de Brughat (J.-F.-F.), à Montauger,
commune de Lisses, près Corbeil. (*Voy. cl.* 37 *et* 90.)
C. G., n° 77. Tourbe naturelle et carbonisée;
Huiles et produits extraits de la tourbe. M. B.

M. Cribier (H.), à Viroflay.
C. G., n° 312. Epingles; Tréfilerie de cuivre et
de laiton. M. B.

Classe 42. — *Produits de chasse, de la pêche et des cueillettes.*

M. Gallet (A.), à Presles.

C. G., n° 21. Plantes marines du Calvados; Herbiers. M. H.

CLASSE 43. — *Produits agricoles (non alimentaires) de facile conservation.*

M. Hovyn (J.-H.), à Villeneuve-le-Roi.
C. G., n° 3. Maïs. M. H.; n° 6, Collection de graines. M. B.

M. Gilbert, à Wideville, près Crespières. (*Voy. groupe 8, cl. 76 et 77.*)
C. G., n° 37. Laines. M. A.
R. J. I. Tome VI. Page 260. — Citons encore M. Gilbert, de Wideville, le vénérable doyen des éleveurs de mérinos français, qui a si brillamment représenté la France à l'exposition de Hambourg. Le troupeau de Wideville, créé par le père du propriétaire actuel, en 1802, au moyen des produits purs des mérinos espagnols importés en 1787, est resté, depuis, pur de tout mélange. Le haut prix auquel se vendent ses béliers pour la France et l'étranger (Australie, Amérique du Sud, Cap, Russie et même Allemagne), prouve assez la haute estime dont il jouit.

M. Lavallée (A.), à Saint-Sulpice-de-Favières.
C. G., n° 74. Brôme de Schrader. (Fourrages.) M. B.
R. J. I. Tome VI. Pages 405 et 406. — L'attention était aussi appelée sur quelques espèces non en-

core cultivées très en grand, mais qui pourraient peut-être venir s'ajouter avec avantage aux fourrages déjà employés; tels étaient le brôme de Schrader et le maïs géant caragua.

M. Sagot (S., l'abbé), à Saint-Ouen-l'Aumône. (*Voy. cl. 50 et 81.*)

C. G., n° 120. Miel et Cire. M. H.

M. Tétard (Arm.), à Mortières, commune de Tremblay.

C. G., n° 240. Laines, Huiles, Colza. M. H.

R. J. I. Tome VI. Pages 260 et 261. — MM.... Tétard, à Mortières...., représentent dignement cette belle zône lainière de la Brie et de la Beauce.

Institut agronomique de Grignon, à Grignon, commune de Thiverval. Hors concours.

C. G., n°   . Collection de produits et machines aratoires.

CLASSE 44. — *Produits chimiques et pharmaceutiques.*

M. Lange-Allain, aux Mureaux.

C. G., n° 102. Miniums; Massicot; Mine orange; Mastic du minium.

Société des eaux minérales d'Enghien, à Enghien. (T. Battaille et C°.

C. G., n° 166. Eaux minérales; sels et leurs produits.

M. Coupier (J.-T.) à Poissy.

C. G., Produits résultant de la distillation des huiles de houille : Sels d'aniline et de toluidine; Pâte à papier provenant de végétaux. M. O.

R. J. I. Tome VII. Pages 220, 221 et 222.

Nous venons de voir comment MM. Poirier et Chappat, avec le concours de leur collaborateur chimique, M. Bardy, ont doté l'industrie d'un violet nouveau et si économique que M. Coupier est devenu à son tour le producteur d'un rouge également nouveau et distinct de la fuchsine.

M. Coupier, chimiste éminemment pratique, qui a exercé sa part d'heureuse influence sur la fabrication de la potasse des betteraves, a eu l'heureuse idée d'obtenir les divers carbures de la houille à l'état de séparation aussi complète que possible, par les procédés les plus perfectionnés que comporte la distillation; les fabricants, opérant ainsi avec des composés nettement définis, ne sont plus exposés à ces différences de rendement des dosages variables, et qui donnaient des opérations peu fructueuses. M. Coupier, maniant ainsi en grand des carbures purs industriellement, a pu, avec des produits condensés à 110°, et, dès-lors, presque entièrement dépourvus de benzine, produire un carbure nitré transformable en une toluidine liquide, et obtenir par l'action oxydante du nitro-toluène de la même provenance, un rouge analogue à celui de la fuchsine; mais ce rouge, par son mode de génération avec du toluène pur, ne peut être confondu avec celui dont la préparation exige, ainsi que l'a montré M. Hofmann, un mélange d'aniline et de toluidine à poids égaux, en tenant compte des échappées. M. Coupier a produit aussi du rouge avec le xilène, hydrogène carboné d'une complication supérieure au toluène et qu'il isole aussi au moyen de ses appareils ; mais c'est avec ce toluène que le rendement est le plus fort. En effet, tandisque les rendements des alcalis nitrés en fuchsine sont au maximum de 28 à 30 pour 100, on obtient régulièrement avec 100 parties de toluidine 45 à 48 pour 100 d'un rouge dont l'intensité de pouvoir colorant dépasse notablement celui de la fuchsine, autant du moins que permet de l'apprécier la légère différence de nuances, qui constitue un premier caractère distinctif pour ce rouge nouveau. Cette couleur n'a pas, en effet, la nuance de la fuchsine. Elle à un reflet violacé que les purifications ne peuvent lui enlever, et qui, dans quelques cas, ne permet pas de la substituer au rouge ordinaire. Elle cristallise à peine et se présente toujours en masse précipitée, bien différente de la fuchsine qui donne, comme on sait, des sels cristallisés d'une manière si remarquable. Ce produit, dont la fabrication a déjà commencée, s'introduit peu à peu dans la consommation comme le nouveau violet lui-même et, par une concurrence légitime et salutaire, il contribuera également à abaisser, du moins en France, le prix de vente des produits analogues anciennement connus.

L'industrie des matières colorantes ne s'est pas arrêtée depuis la distribution des récompenses, et c'est surtout à M. Coupier que nous devons de lui avoir fait faire quelques pas nouveaux et importants. Depuis que le Jury lui a décerné une médaille d'or pour sa découverte d'un rouge nouveau préparé avec le toluène pur, il a obtenu de nouveaux produits qui ont déjà commencé à recevoir d'utiles applications. En oxydant un sel d'aniline pure, il est parvenu à produire une matière colorante nouvelle d'un bleu noir, et dont la solution sulfurique, étendue d'eau, communique à la laine une nuance foncée qui se rapproche beaucoup de celle que produit l'indigo dans les draps gros bleu. Cette couleur résiste au chlore et à l'acide nitrique, et permet d'espérer qu'elle subira, avec moins d'altération que l'indigo lui-même, l'action simultanée de la lumière et de l'air.

On peut isoler de cette manière le bleu et le noir qu'elle renferme, et chacun de ces éléments colorants trouve son emploi. Si l'on filtre la dissolution de ce corps étendue d'eau, on obtient un bleu soluble et une poudre noire. La liqueur fournit un bleu qui, obtenu directement de l'aniline par un procédé économique, à un prix de revient bien moindre que celui du bleu obtenu en passant par la fuchsine. La poudre qui reste, ainsi que la matière première contenant le bleu, constitue une espèce de noir d'aniline insoluble, mais que l'on peut déposer comme couleur d'application très-adhérente aux tissus, concurremment avec d'autres couleurs, ce que ne permet pas le noir d'aniline ordinaire formé par une réaction produite dans l'étoffe même. Cette espèce de noir peut ainsi remplacer, avec avantage notable de prix et de nuance, le noir de fumée utilisé par les imprimeurs sur étoffe; ils ont donné déjà, au nouveau noir à peine découvert, une application qui n'est probablement pas la dernière de celles auxquelles sont appelés ces produits nouveaux.

M. Lebœuf (V.-F.) et Cie, à Argenteuil.

C. G., n° 299. Alcools rectifiés; Poudres albumineuses; Carmins; Encres en poudre; Extraits parfumés; Essences de fruits.

CLASSE 46. — *Cuirs et Peaux.*

M. Gallien (N.) et Cie, à Longjumeau.

C. G., n° 23. Cuirs pour chaussures militaires; Cuirs de bœuf et de vache pour baudriers et pour semelles; Cuirs de veau pour tiges de bottes et pour empeignes. M. O.

M. Chevillot frères, à Sarcelles.
C. G., n° 30. Cuirs tannés. M. B.

M. Chesnay (L.-H.), à Magny.
C. G., n° 102. Cuirs tannés. M. B.

GROUPE VI.

Instruments et procédés des arts usuels.

CLASSE 47. — *Matériel et procédé de l'exploitation des mines et de la métallurgie.*

M. Gaïeski (A.-T.), à Corbeil.
C. G., n° 50. Appareils de sondage. M. H.

CLASSE 48. — *Matériel et procédés des exploitations rurales et forestières.*

M. Mazure (P.-A.), à Mculan.
C. G., n° 143. Système de moyettes pour la conservation des grains et fourrages.

M. Gautreau (T.), à Dourdan.
C. G., Billancourt, n° 346. Machine à vapeur fixe verticale ; 2 Locomobiles ; 5 Manéges ; 7 Machines à battre ; 3 Semoirs ; *cl.* 74. M. O.
Coopérateur, Lesimple ; *cl.* 74. M. B.
R. J. I. Tome XII. Page 68. — M. Gautreau, tout en adoptant, comme les constructeurs anglais, des coutres-mobiles indépendants, a remplacé les cuillers par des agitateurs à palettes ou palerons avec un mode de règlement commun à tous les orifices et un règlement de la position du paleron, suivant la nature des graines à semer.
Page 77. — M. Gautreau présentait cinq manéges

établis pour satisfaire aux divers besoins de la culture en France, pour petites et moyennes exploitations. Le petit manége à cloche de ce constructeur est digne d'être recommandé par sa bonne construction et son bas prix.

Page 78. — Enfin, un jeune constructeur, M. Gautreau, présentait plusieurs Manéges en l'air, d'une bonne construction; le petit manége à colonne et à arbre de couche en l'air peut être très-utile à la petite culture; le grand manége à colonne, à poulie verticale, convient mieux à la moyenne culture.

Page 118. — La Machine à battre à manége, exposée à Billancourt, par M. Gautreau, est excellente pour les grandes exploitations. Elle est facilement transportable, car la machine et le manége sont réunis; cette circonstance facilite encore son installation dans un emplacement quelconque. Les principaux organes de cette machine tournent sur des pivots et des bagues en acier, qui diminuent les frottements d'une manière assez sensible. Le batteur de la machine est commandé directement par un engrenage à dentures en bois qui nous paraît réunir plusieurs avantages; il est si léger qu'il fonctionne sans opérer de tension sur les axes; il transmet exactement toute la vitesse fournie par les chevaux, au lieu d'en laisser perdre une partie comme le fait la courroie, surtout par les temps humide, car alors, la courroie glisse souvent et tombe en fonctionnant; ces inconvénients disparaissent avec les engrenages. Ce point est important, surtout si l'on remarque que cette machine est destinée à fonctionner souvent en plein air.

La machine de M. Gautreau bat la paille en travers et la conserve presque intacte, ce qui fait qu'elle est adoptée dans les départements de la Seine, de Seine-et-Oise et dans ceux où les fermiers ont intérêt à vendre la paille.

Comme construction, cette machine est légère et solidement établie; comme travail elle bat bien, elle vanne et met en sac; le grain n'est pas brisé et les épis sont bien battus.

M. Josse (L.-P.), à Ormesson. (*Voy. cl.* 49.)

C. G., Billancourt, n° 40. Collection d'appareils à nettoyer les grains.

R. J. I. — Tome XII. Page 120. — Nous consacrerons quelques lignes au Trieur-cribleur inventé par M. Josse. Cet appareil, qui se distingue autant par l'excellence de son travail que par sa construction ingénieuse, se compose d'une table sur laquelle sont disposés parallèlement une série de triangles laissant entre eux des passages de 0 mètre 30. Ces triangles à angles rentrants et saillants sont disposés de telle sorte que les angles des triangles du côté droit, par exemple, font face à l'un des côtés des triangles du côté gauche. Cette disposition est le principe essentiel de l'appareil, car c'est

dans ces passages, disposés en zig-zag que les
graines et les autres matières sont soumises à un déplacement continuel. La table repose sur quatre galets, et son mouvement alternatif lui est donné par
deux bielles, qui elles-mêmes reçoivent leur mouvement d'une transmission quelconque. Les galets
sur lesquels repose la table sont fixés sur des barres
mobiles qui se lèvent ou s'abaissent à volonté au
moyen de vis, afin de donner à la table l'inclinaison
nécessaire. Les barres mobiles sur lesquelles se trouvent les galets, et par conséquent la table, reposent
sur un bâti qui supporte tout l'appareil et qui est
fixé au sol.

Au-dessus et à l'extrémité supérieure de la table
et faisant corps avec elle, se trouve un auget pour
recevoir le grain. Cet auget est percé d'orifices ser-
vant à la distribution du grain dans chacune des
cases de la table dans laquelle s'opère le criblage.
Une grille placée au-dessus de cet auget sert d'émot-
teur pour arrêter au passage les grosses pierres ou
autres corps étrangers.

Le système de Trieur-cribleur de M. Josse est
basé sur cette loi, que plus un corps est lourd,
relativement à un autre, plus il a de tendance naturelle à gagner les régions inférieures dans un
appareil soumis à une agitation quelconque. Les
différentes matières mélangées se superposent alors
les unes aux autres, en raison de leur poids spéci-
fique.

Quand l'appareil commence à fonctionner, les grains tombés dans les premières cases reçoivent un mouvement de va et vient qui les projettent sans cesse d'un côté à l'autre. Ce mouvement alternatif produit un premier travail qui, sans séparer complètement les pierres du blé, fait que le grain occupe la partie supérieure de la masse, tandis que les pierres tendent toujours à en occuper le fond.

En vertu de l'inclinaison donnée à la table, les grains qui se trouvent dans les cases supérieures et déjà en mouvement, descendent dans les cases suivantes tout en se divisant de plus en plus en deux couches distinctes, l'une supérieure formée par le blé, l'autre inférieure composée de pierres.

Quand les matières, grains ou pierres, arrivent dans les cases où commence l'inclinaison de la table, elles continuent à recevoir la secousse due au mouvement alternatif de la table ; elles viennent se heurter sur des plans inclinés qui les rejettent en sens contraire de la pente donnée à la table, et cela en vertu du principe, en vertu duquel, lorsqu'un corps remonte une surface inclinée, par rapport à la direction de son mouvement, il est renvoyé suivant une autre direction qui fait avec la surface un angle d'incidence égal à l'angle de réflexion. Ainsi chaque corps soumis à l'action de l'appareil subit l'influence de deux forces : l'une tendant à leur faire remonter le plan incliné est due à la réflexion, l'autre au contraire tendant à les faire

descendre est due à l'action de la pesanteur. Or ,
pour les graines qui occupent la couche supérieure,
l'effet de la réflexion sur les plans inclinés, très-
sensible en raison de la liberté qu'ils ont de se mouvoir, l'emporte sur l'action de la pesanteur, tandis
que pour les couches inférieures qui ne possèdent
pas cette même liberté de se mouvoir, à cause de
la charge qu'elles ont à supporter, c'est l'action de
la pesanteur qui l'emporte sur l'action de la réflexion :
de là, la séparation des deux corps, l'un plus lourd,
les pierres , sortant par une ouverture ménagée à
la partie inférieure de la table, et l'autre plus léger,
le grain , sortant par une autre ouverture ménagée
à la partie supérieure de l'appareil.

Les expériences opérées devant le Jury avec du blé
mêlé d'une grande quantité de pierres ont complètement réussi : toutes les pierres ont été séparées, et
le blé est sorti épierré par la partie supérieure de
l'appareil. Le Jury a vu le même appareil fonctionnant à la boulangerie centrale avec beaucoup de
succès.

C'est là un service notable rendu surtout à la
meunerie. Tous les blés contiennent plus ou moins
de petites pierres qui usent rapidemment les meules,
nuisent à la qualité de la farine et forcent les meuniers à employer une foule de précautions pour les
séparer,

M. Josse a construit aussi un Trieur-cribleur à
main, destiné aux fermes, et qui remplace avanta-

geusement le crible ; il est construit d'après le même principe que le précédent. Le blé qu'on passe à travers cet instrument est rendu complètement marchand.

Nous avons cru nécessaire d'insister sur l'appareil de M. Josse, parce que nous sommes convaincus qu'il rendra de grands services et parce qu'il présente un principe nouveau parfaitement appliqué.

M. Duguay, à Argenteuil.
C. G. Billancourt, 1re édition, n° 53. 1° Collection d'instruments à main pour culture de la vigne ; 2° Fiche-échalas et Perches ; 3° Sécateurs, nouveau système de répulsion ; 4° Machine à fabriquer les bouchons.

M. Kervincka, à Meulan.
C. G. Billancourt, n° 110. Pressoir ; Égrappoir.

M. Benoist, à Étampes.
C. G. Billancourt, n° 185. Machine à battre, manége.

M. Bosselet, à Fontenay-lès-Louvres.
C. G. Billancourt, 1re édition, n° 170. Déchaumeur.

M. Laverpillière, à Saclay.
C. G. Billancourt, n° 399. Rouleau brise-mottes.

M. Desprez, au Mesnil-Aubry, près Écouen.

C. G. Billancourt, n° 423. Deux Charrues bisocs;
Deux Charrues Brabant.

CLASSE 49. — *Engins et instruments de la chasse, de
la pêche et des cueillettes.*

M. Criton (L.-E.), à Noisy-le-Roi.
C. G., n° 37. Piéges de fer pour animaux nuisibles.

CLASSE 50. — *Matériel et procédés des usines agricoles
et des industries alimentaires.*

M. Fouju (P.-L.-G.), à Triel.
C. G., n° 24. Appareils congélateurs; Cafetières
et Concentrateurs. M. B.
C. G. Billancourt, n° 158. Barattes.
R. J. I. Tome XII. Page 133.— On a encore essayé
à Billancourt la *Baratte polyédrique*, de M. Fouju.
C'est une des plus répandues; elle est fabriquée en
peuplier de Hollande qui ne donne aucun mauvais
goût au beurre. L'essai a été fait avec trois litres
de lait-crême; après sept minutes, le beurre était
fait. Le beurre est lavé dans la baratte même.

M. Darblay (P.), à Corbeil.
C. G., n° 99. Aspirateur et Ventilateur destinés à
préserver les ouvriers des poussières du grès et du
silex. ✿.

M. Josse (L.-P.), à Ormesson. (*Voy. cl.* 48.)
C. G., n° 101. Cribleurs et Épierreurs pour tous
grains à l'usage de la culture et de la meunerie. M. A.

M. Thibierge, à Versailles.

C. G., n° 164 *quater*. Appareil pour distiller la térébenthine, les goudrons et les essences, et pour les rectifier. M. H.

M. Fortin, à Étréchy.
C. G., n° 180. Meules de moulin.

M. Marillier, à Argenteuil.
C. G. Billancourt, n° 243. Pressoir mobile.

M. Sagot (l'abbé), à Saint-Ouen-l'Aumône. *(Voyez cl. 43 et 81.)*
C. G. Billancourt, n° 264. Ruches à cadre et à grenier formé de triangles mobiles, *dites l'Aumônière*.

CLASSE 53. — *Machines et appareils de la mécanique générale.*

M. Decauville (Armand), à Petit-Bourg, commune d'Évry-sur-Seine. *(Voy. cl. 84 à 88.)*
C. G., n° 162. Locomobile horizontale de cinq chevaux.

M. Caligny (marquis A.-F. de), à Versailles.
C. G., n° 201. Appareils hydrauliques. M. A.
C. G. Billancourt, n° 372. Appareil à tube oscillant pour les irrigations, élevant l'eau au moyen d'une chute d'eau médiocre; Pompe à purin, à tube oscillant, élevant l'eau au moyen de la force de l'homme; Dessin à l'échelle d'un moteur hydraulique à flotteur oscillant; Dessin à l'échelle d'un moteur hydraulique à piston oscillant, sans soupape;

dont un modèle fonctionnant est exposé au hangar de la berge (Champ-de-Mars) ; Dessin à l'échelle d'un Moteur hydraulique à piston oscillant, mais avec soupape de Carnwall ; Modèle fonctionnant d'un Appareil à faire des épuisements sans pièce mobile au moyen d'une force irrégulière, telle que les vagues de la mer ; Modèle fonctionnant d'une Écluse de navigation, d'un nouveau système, en voie d'exécution à l'écluse de l'Aubois (canal latéral à la Loire).

R. J. I. Tome IX. Page 46. Nous terminerons l'examen des pompes en mentionnant les divers appareils de M. le marquis de Caligny, de Versailles.

Cet exposant s'est voué depuis longtemps à la science de l'hydraulique, et ses diverses découvertes, publiées dans les recueils spéciaux, sont bien connus des savants. Sa pompe conique, sans piston, ni soupapes, élevant l'eau dans un tube vertical animé d'un mouvement alternatif, peut rendre des services quand elle est appliquée à des liquides imparfaits, tels que les purins de fumier. Ses moteurs hydrauliques à flotteur ou à piston oscillant, sont des réalisations heureuses des théories nouvelles, mais il ne sont pas encore entrés dans le domaine de la pratique. Citons encore de cet inventeur infatigable un appareil propre à diminuer la quantité d'eau dépensée dans chaque éclusée des canaux de navigation. Au lieu de laisser l'eau s'écouler librement dans le bief d'aval, M. de Caligny utilise la charge à en faire remonter une partie dans le bief supérieur au moyen d'un appareil ingénieux qui a été expérimenté avec succès sur le canal de la Marne au Rhin. Toutefois, l'économie qui peut résulter de l'application de cet appareil n'a pas une grande importance, car la quantité d'eau dépensée pour les éclusées ne représente qu'une fraction minime de la consommation totale d'un canal.

R. J. I. Tome XII. Groupe 8. Classe 74, page 97 :

M. de Caligny exposait, à Billancourt, une Machine motrice élévatoire, à tube oscillant, dont il est l'inventeur ; elle a fonctionné plusieurs jours, à divers intervalles, à l'aide de l'eau élevée par des pompes Peltier, mues par une locomobile.

Cette machine élévatoire diffère essentiellement, même dans son principe, de tout autre appareil élévatoire connu. Elle se compose d'un tuyau fixe, destiné à débiter l'eau d'une chute motrice, relevé verticalement à son extrémité d'aval, où il est surmonté d'un tuyau ascentionnel, qui reçoit et élève à son sommet, où elle la déverse, *une partie de l'eau amenée par le tuyau fixe* : l'eau en excédant, *la véritable eau motrice* s'écoule par intermittence dans un canal de décharge, entre l'extrémité d'aval du tuyau fixe et le bas du tube mobile oscillant. Celui-ci est suspendu à l'une des extrémités d'un balancier et équilibré par un contre-poids convenable placé à l'autre bout. L'oscillation du tube ascentionnel, qui constitue tout le jeu de l'appareil, résulte :

1° de la *succion* opérée dans l'étranglement annulaire que l'eau motrice doit traverser pour s'échapper dans le canal de décharge , succion qui fait retomber le tube oscillant ; 2° du retour de la colonne d'eau oscillante après la descente de ce tube , retour qui se prolonge assez pour que le contre-poids puisse relever le tube. Ainsi, sans soupapes, ni d'arrêt, ni d'ascension, c'est-à-dire sans arrêt brusque ni choc de la colonne d'eau, comme dans les *Béliers hydrauliques*, on obtient une machine élévatoire d'un rendement assez considérable. (*Voyez pages* 100 *et* 101 *le tableau des expériences*).

Cette machine élévatoire, comme on le voit, a forcément pour moteur l'eau d'une chute ; la hauteur à laquelle l'eau peut être élevée dépend de la hauteur de chute et ne doit pas dépasser quatre à cinq fois la chute, pour conserver un bon rendement.

Les expériences faites par nous, sur cette machine, laissent un peu à désirer par suite : 1° de l'insuffisance du volume d'eau dont nous pouvions disposer; 2° de la difficulté de jauger l'eau motrice; 3° du peu de surface du bassin d'amont et d'aval, forçant à faire des corrections un peu arbitraires. En multipliant les essais, nous avons cherché à annuler les erreurs.

Si l'on ne prend que l'expérience la plus longue, le rendement serait de près de 53 pour 100, chiffre assez élevé, si on considère que la machine hydraulique est motrice et élévatoire : si une roue hydraulique motrice fait mouvoir une pompe, le rendement de la roue est d'environ 60 pour 100, et le rendement en eau élève une fraction de cette fraction, soit environ les 75 centièmes, ce qui donne un rendement total de 45 pour 100 seulement, tandis que, ici, nous avons 53.

Ministère de la Maison de l'Empereur. Direction du service des eaux de la Liste-Civile, à Versailles (hors concours).

C. G. n° 263. Modèle au dixième d'une des six roues de la nouvelle Machine hydraulique de Marly, construite d'après les ordres de l'empereur Napoléon III, pour élever 15,000 mètres cubes d'eau à 156 mètres de hauteur verticale, sur un parcours de 2,280 mètres.

Collaborateur : M. X. Dufrayer, directeur du service, constructeur de la nouvelle machine de Marly. M. A.

R. J. I. Tome IX. Page 63. — La Machine hydraulique de Marly, dont un modèle est exposé dans un pavillon du parc, a été construite, d'après les ordres de l'Empereur, par M. Dufrayer, pour amener l'eau de la Seine sur les plateaux de Versailles et à Saint-Cloud. Six roues-de-côté de 12 mètres de diamètre mettent en jeu 24 pompes horizontales, qui peuvent élever en 24 heures, et d'un seul jet, 15,000 mètres cubes d'eau à une hauteur de 156 mètres, répartie sur un parcours de 2,280 mètres. La Machine de Marly est bien construite, et tous les détails en ont été étudiés avec soin. Le rendement est de 58 pour 100 environ en eau élevée.

M. Félix, à Houdan.

C. G. Billancourt. (1re *édition*), n° 15. Bélier hydraulique.

CLASSE 54. — *Machines-outils.*

M. Jannot (F. H.), à Triel.

C. G., n° 96. Broyeurs à plâtre. M. B.

CLASSES 55 et 56. — *Matériel et procédés du filage, de la corderie et du tissage.*

M. Mor'ot (G.-F.), à Essonnes.

C. G., n° 20. Mécanique Jacquart à double effet. M. B.; coopérateur : Morlot (G.), directeur du tissage de la maison Feray et Cie, à Essonnes. M. A.

M. Metcalfe (W), à Meulan.

C. G., n° 21. Plaques, rubans et chapeaux de cardes pour coton, soie et laine peignée. M. B.

CLASSE 60. — *Machines, instruments et procédés usités dans divers travaux.*

M. Ferret (E.-A.), à Corbeil. (*Voy. cl.* 23.)

C. G., n° 19. Outils d'horlogers, de graveurs en médailles et compteurs divers. M. H.

CLASSE 65. — *Matériel et procédés du génie civil, des travaux publics et de l'agriculture.*

M. Falhon (J.-B.), à Versailles.

C. G., n° 77. Système de Fermeture de porte.

MM. Joly fils, Joly (César) et Delafoy, à Argenteuil. (Maison veuve et héritiers Joly.)

C. G., n° 110. Modèle de marchés alimentaires et plans de ponts; — Combles et Marchés divers. M. O.

R. J. I. Tome X. Pages 118 et 119. — Les ateliers de serruriers français sont généralement montés de telle sorte qu'ils peuvent aujourd'hui façonner de grandes pièces en tôle avec cornières rivées à des prix abordables..... Il faut constater aussi l'intelligence rare des chefs de ces ateliers; ils savent introduire, sur les projets remis entre leurs mains, des perfectionnements dans les détails de l'exécution, qui montrent combien la pratique de ces grands travaux leur est devenue familière, combien ils se préoccupent de trouver les moyens d'économiser la matière tout en conservant une solidité complète. A ces divers points de vue, les ateliers de M. Joly, ceux de..... ont envoyé à l'Exposition des ouvrages parfaitement entendus comme exécution, indépendamment du mérite de la composition.

Pages 211, 212 et 213. — L'établissement du réseau des chemins de fer nous a posé de nombreux et difficiles problèmes qui ont été, en général, heureusement résolus; il a donné à l'art des constructions une impulsion, telle que, à aucune époque, on ne pourrait sans doute rien constater de pareil à ce qui s'est fait de 1840 à 1867. L'intervention habituelle du fer dans les grands édifices restera une des principales conquêtes et un des caractères de cette période;.....

La puissance de production des grands ateliers français les met en mesure de prendre une large part à ce mouvement général. Les documents fournis par les grandes usines, par MM..... Joly..... etc., nous montrent qu'elles ont contribué puissamment à l'exécution de nos travaux publics; mais, en même temps, dans les grands travaux des nations étrangères, elles ont dignement représenté l'industrie de notre pays. Il y a dans ce nouvel ordre de produits, les éléments d'un commerce d'exportation considérable;..... les planchers, les combles et autres constructions incombustibles qui se préparent dans les mêmes ateliers, dont l'emploi ne s'est jusqu'ici répandu que dans Paris et quelques grandes villes, sont destinés à des applications de plus en plus fréquentes; ces raisons et beaucoup d'autres trop longues à énumérer, classent les ateliers de constructions métalliques parmi les industries vraiment nationales les plus dignes de la sollicitude publique.

M. Castor (A.), ingénieur à Mantes.

C. G., n° 146. Appareils à vapeur employés dans les travaux publics. M. O.

R. J. I Tome X. Page 205. — M. Castor a exposé les dessins des divers types de dragues qu'il a employées dans ses nombreuses entreprises et qu'il a sans cesse perfectionnées, depuis les petites dragues de la Seine qui n'extrayaient, en 1840, que 200 mètres cubes de déblai par jour, à raison de 2 francs le mètre, lesquelles ont fait place à d'autres, extrayant 1,000 mètres au prix de 80 c., puis 1,500 mètres au prix de 40 c., jusqu'aux grandes dragues de dérochement du port de Boulogne. L'action de ces dragues a été combinée avec celle des machines élévatoires et de grues à vapeur, simples et ingénieuses, au moyen desquelles on opère très-économiquement le transbordement des produits du dragage sur chemin de fer ; ces produits sont ordinairement des sables ou graviers propres à la confection du ballast ou des remblais ; on a pu souvent réaliser par ces appareils un double avantage, améliorer les rivières et éviter, le long des chemins de fer, les emprunts qui créent des marécages au moins stériles.

Page 207. — M. Castor a aussi exposé les dessins des sonnettes à vapeur qu'il a employées aux travaux du Perrache et d'Argenteuil.

Page 209. — Quant aux opérations de levage et de bardage, nous n'avons qu'à rappeler les appareils de MM..... Castor, exposés en modèles ou en dessins et mentionnés ailleurs, ainsi que plusieurs autres.

M. Leroy de Kéraniou, à Athis-Mons. (*Voy. cl.* 66.)
C. G., n° 154. Projet de Port de commerce à Brest.

M. Thiébault (Victor), à Montigny.
C. G., n° 313. Appareils de distribution d'eau de canalisation, du système Ch. Douchain.

Collaborateur : Douchain (Ch.), sous-inspecteur du service des eaux de la Liste-Civile, à St-Cloud. M. B.

C. G., n° 320. Billancourt. Pompes d'épuisement, à purin, à incendie, à réservoir, à irrigation avec manége.

M. Barbet (J.), à Maisons-sur-Seine.

C. G., n° 336. Appareils de jauge, Filtres, Ventouses, Boîte d'arrosage.

M. Blavet (A.-A.), fils, à Etampes.

C. G., n° 341. Colonne mobile pour éclairage.

M. Gary (P.), à Montmorency.

C. G., n° 403. Kiosque rustique.

CLASSE 66.—*Matériel de la navigation et du sauvetage.*

M. Monvignier-Monnet, à Saint-Gratien.

C. G., n° 17. Sillomètre autographe ou Loch mécanique. M. H.

M. Leroy de Kéraniou, à Athis-Mons. (*Voy. cl.* 65.)

C. G., n° 636. Etudes et Mémoires variés sur la marine.

M. Guerbigny-Germeuil, à Villiers-le-Bel.

C. G., n° 74. Nouveau propulseur à palettes verticales. M. H.

CLASSE 66 bis. — *Navigation de plaisance.*

M. Braque (Hector), à Argenteuil.

C. G., n° 24. Ferrures de gréement ; Modèle de dérive.

GROUPE VII.

Aliments (frais ou conservés) à divers degrès de préparation.

CLASSE 67. — *Céréales et autres produits farineux comestibles, avec leurs dérivés.*

Darblay jeune, à Corbeil (hors concours).

C. G., n° 1er. Produits de moutures.

R. J. I. Tome XI. Pages 33, 34 et 35. — Mais ces importants changements ne furent pas les seuls qu'adopta la meunerie française intelligente. Après avoir modifié ou rendu constante sa force motrice, perfectionné ses roues hydrauliques, etc..., elle adopta d'abord la bluterie et ensuite tous les moyens propres à nettoyer les grains rapidement et bien. C'est à l'aide de ces nouveaux engins mécaniques que MM. Darblay..... sont arrivés à produire constamment des farines qui ont rendu désormais célébre la meunerie française, parce qu'elles se distinguent toujours par leur homogénéité, leur bonté et leur blancheur remarquable, malgré les qualités variables des blés qui les fournissent.

La meunerie française n'est pas parfaite dans tous les départements; mais si un grand nombre d'usines appellent de nombreux perfectionnements, nous pouvons, avec équité et d'une manière générale, la placer au premier rang parmi toutes les meuneries. Il n'en est aucune, en effet, qui soit de nos jours aussi largement dotée sous le rapport de la bonne disposition et de l'installation des grandes usines. C'est le mécanisme parfait qu'on y observe, c'est le mode ingénieux de rhabillage qu'on y a adopté, ce sont les divers engins propres au nettoyage et au blutage, qu'on y voit fonctionner, etc..., qui ont permis jusqu'à ce jour à MM. Darblay..... et à tant d'autres, d'obtenir du premier jet ces proportions de farine qui étonnent les meuniers les plus habiles de l'Angleterre et de l'Autriche, et de pouvoir livrer à l'agriculture, en faveur de l'alimentation des animaux domestiques, des sons remarquables, à la fois, par leur largeur extraordinaire et leur grande légéreté.

Page 36. — .... Ce moyen d'étuvement est mis en pratique avec le plus grand succès depuis plusieurs années dans la plupart des maisons qui se livrent au commerce d'exportation, et notamment chez MM. Darblay. D'après les faits constatés par M. Porlier, secrétaire de la classe 67, la farine contenue dans le bocal cacheté en 1862 provenait de l'usine de Corbeil; mais elle était plus blanche que les farines exposées cette année par la même meunerie, attendu que les farines de qualité supérieure acquièrent toujours plus de blancheur en vieillissant.

Pages 48-49. — Ainsi c'est M. Darblay jeune, le chef de la meunerie française, de la meunerie européenne, devons-nous dire, qui a établi à Salonique, à Alexandrie et au Caire, les premiers moulins perfectionnés.

Celui de Salonique a 16 paires de meules; ceux d'Alexandrie et du Caire 30 paires. Il appartenait à cette grande maison de porter au loin les progrès de la meunerie qui lui sont dus en grande partie. C'est, en effet, M. Darblay jeune qui a, le premier, remplacé le mode de blutage en usage dans une grande partie de la France par la bluterie méridionale, à garniture de soie, qu'il a perfectionnée. C'est lui qui a, le premier, imaginé et employé les récipients, soit circulaires, soit longitudinaux qui reçoivent la farine brute à la sortie de la meule et qui la conduisent, en la rafraîchissant, à l'élévateur général. Il a aussi, le premier, essayé et appliqué avec succès l'aspirateur à folle-farine, accessoire indispensable au nouveau système de mouture. De même encore, il a vulgarisé et porté à un haut degré de perfectionnement les nettoyages à blé, point de départ de toute bonne fabrication. Enfin, il a introduit dans le mécanisme des moulins la commande dite *en dessus des meules par courroie*, innovation radicale, d'un mérite incontestable, qui a permis l'application de moteurs à vapeur à la fabrication de la farine. Dans son immense usine de Corbeil, où nous avons admiré tous ces progrès, on remarque également la manière ingénieuse dont le blé est introduit entre les deux pierres par l'arbre même de la meule qui est creux. M. Darblay jeune a introduit tous ces perfectionnements en Orient dans les moulins à farines qu'il y a élevés.

CLASSES 70 et 71. — *Viandes et poissons, légumes et fruits.*

M. Dubard-Dutartre, à Corbeil.

C. G., n° 80. Légumes et farines. M. A.

M. Crapotte, à Conflans-Sainte-Honorine. *(Voy. cl. 84 à 88.)*

C. G., n° 98. Raisins frais et conservés. M. H.

CLASSE 73. — *Boissons fermentées.*

M. Bouret (François), à Meudon.

C. G., n° 9. Malt.

GROUPE VIII.

Produits vivants et spécimens d'établissement de l'agriculture.

CLASSE 74. — *Spécimens d'exploitations rurales et d'usines agricoles.*

M. Bella (François), directeur de l'École impériale de Grignon, à Grignon.

C. G., n° 14. Spécimens de l'enseignement agricole français.

CLASSE 75. — *Chevaux, ânes, mulets, etc.*

M. Hamot, à Charmont, Magny-en-Vexin. *(Voy. cl. 77.)*

C. R. Billancourt. Anesses. M. B.

CLASSE 76. — *Bœufs, buffles, etc.*

M. Christofle (Paul), à Brunoy.

C. R. Billancourt. Race hollandaise. M. A.

M. Gilbert, à Wideville-Crespières.

C. R. Billancourt. Travail du bœuf dans Seine-et-Oise. M. A.

Madame veuve Pescatore, à La Celle-Saint-Cloud.

C. R. Billancourt. Race Schwitz.

CLASSE 77. — *Moutons, chèvres.*

M. Cugnot (F.), à Cernay-la-Ville.

C. G., n° 6. Moutons mérinos purs. M. O. avec objet d'art.

M. Gilbert (Victor), à Wideville-Crespières. *(Voy. groupe V, cl. 43.)*

C. G., n° 7. Brebis et béliers mérinos. M. O. avec objet d'art, ✻.

Coopérateur : Girard, à Wideville, berger. M. B.

M. Lefebvre (Charles), à Sainte-Escobille.

C. R. Billancourt. Races mérinos (hors concours).

Coopérateur : Leroy (Félix), berger. M. A.

R. J. I. Tome XII. Page 327. — Un autre membre du Jury, M. Lefebvre, de Sainte-Escobile, avait exposé, hors concours, un lot de brebis mérinos de la plus belle conformation. L'habile éleveur a conservé le rang qui lui a valu la récompense si flatteuse et si méritée qu'il a obtenue pour ses béliers à l'Exposition internationale de Londres (1862).

M. Pluchet, à Trappes.

C. R. Billancourt. Moutons dishley-mérinos (race de Trappes). M. O. avec objet d'art.

Coopérateur : M. Loucqueux (Adrien), berger. M. A.

R. J. I. Tome XII. Page 326. — Nous avons vu que le croisement des races ovines a donné en France des métis qui répondent aux besoins de la culture perfectionnée, et nous aurions pu citer ceux de MM. Pluchet,.....etc......

M. Hamot, à Charmont-Magny-en-Vexin. (*Voy. cl.* 75.)

C. R. Billancourt. Moutons south-down. **M. A.**

CLASSE 80. — *Chiens de chasse et de garde.*

M. Blandin, à Versailles.

C. R. Billancourt. Briquet tricolore. **M. H.**

M. Denamps, à Ris-Orangis.

C. R. Billancourt. Bassets français. **M. H.**

CLASSE 81. — *Insectes utiles et nuisibles.*

M. Robert (le docteur Eugène), à Bellevue. (*Voy. hist. du trav.*, 1re, 2e, 3e, 5e et 9e *époques.*)

C. R. Procédé de destruction des insectes nuisibles aux arbres forestiers. **M. A.**

M. Bocquet, à Triel.

C. G. Billancourt (1re *édition*), n° 12. Ruche.

M. Bertrand, à Maule.

C. G. Billancourt (1re *édition*), n° 26. Ruches en paille, en bois, de fantaisie.

11*

M. Sagot (l'abbé, Louis-Désiré), à Saint-Ouen-l'Aumone. (*Voy. cl. 43 et 50.*)

C. G. Billancourt, n° 264. Ruche à cadres et à grenier formé de triangles mobiles, dite l'*Aumô-nière*. M. B.

M. Debilly (Guillaume), à Voisins-le-Bretonneux.

C. G. Billancourt (1re *édition*), n° 44. Ruches; Ca-lottes de miel; Boites de miel.

GROUPE IX.

Produits vivants et spécimens d'établissements de l'horticulture.

CLASSE 83. — *Serres et matériel de l'horticulture.*

M. Laquas (Ch.), à Presles.

C. G., n° 9. Serre hollandaise et une serre orne-mur à raisins forcés. M. H.

M. Anez, à Meudon. (*Voy. cl. 24.*)

C. G., n° 16. Chauffage à air chaud et saturé de la serre aux végétaux forcés. M. H.

M. Lorette, à Taverny.

C. G., n° 26. Chauffage de la serre aux végétaux herbacés en deux parties; Thermosyphons de la serre aux orchidées.

M. Bellant, à Montmorency.

C. G., n° 30. Vitrerie de la serre de M. Méry-Picard.

M. Supplice, à l'Isle-Adam.
C. G., n° 35. Vitrerie de la serre de M. Laquas.

M. Laumeau, à Versailles.
C. G., n° 60. Kiosques et Bancs-abris.

M. Leclère, à Saint-Germain-lès-Corbeil.
C. G., n° 120. Conservation de raisins.

M. Lambert, à Saint-Cloud.
C. G., n° 136. Plans de parcs et jardins.

M. Aufroy fils, à Andilly.
C. G., n° 152. Claies à ombrer; Serre de M. Laquas.

M. Desfosses aîné, au Vésinet.
C. G., n° 155. Claies à ombrer; Serre de M. Ozanne.

M. Seignant, à Saint-Cloud.
C. G., n° 203. Charriot pour grands arbres.

CLASSES 84 à 88. — *Fleurs, plantes d'ornement, potagères, d'essences forestières, fruits et arbres fruitiers, graines.*

M. Rémont, à Versailles.
C. G. Billancourt, n° 285. Spécimens de conifères propres au reboisement. M. H., 2e et 3e prix.

C. G. Billancourt, n° 535. Culture d'Ignames de la Chine. M. O.

R. J. I. Tome XII. Page 557. — Cultivée pendant plusieurs années, au Muséum, comme plante grimpante, l'Igname de la Chine ne fut appréciée à sa juste valeur que vers 1852, époque à laquelle M. Rémont, de Versailles, a entrepris, avec une persévérance digne d'éloges, la culture et la propagation de cette plante. Un rapport officiel établit que, dès 1857, M. Rémont possédait 9 à 10 millions de jeunes Ignames de la Chine. D'après le mémoire remis par lui au Jury, il en aurait planté pour son propre compte de grandes étendues, dans des conditions diverses. Les résultats, constatés avec tout le soin que l'on doit apporter à de semblables opérations, ont prouvé à M. Rémont, que l'Igname de la Chine peut produire, dans les landes de Bordeaux, sans travaux préalables, 7,000 kilogrammes à l'hectare. Les études sur ce point ont porté sur deux hectares; il en a récolté 16,000 kilogrammes sur un terrain bien préparé; enfin, dans un bon terrain largement pourvu d'engrais, il a obtenu 42,000 kilogrammes. Il résulte de ces observations que le produit de l'Igname de la Chine est, comme on le voit, subordonné à la qualité du sol, à la culture et aux engrais exactement comme tous les autres végétaux.

Dans le but de faire connaître la culture de cette plante, M. Rémont à planté, en mai dernier, vingt ares d'Ignames de la Chine, à Billancourt, partie sur billons, partie sur terrain plat. Appelé à constater les résultats de cette culture, le Jury a fait arracher, le 14 octobre, en sa présence, plusieurs touffes de ces Ignames, bien qu'elles fussent en pleine végétation, bien qu'elles eussent encore plus d'un mois à grossir. On aurait pu, en cas de besoin, commencer la récolte, qui donnait les plus belles espérances. Transportées le jour même dans le jardin réservé de l'Exposition du Champ-de-Mars, les Ignames de la Chine, récoltées à Billancourt, furent placées par M. Rémont à côté des produits de l'année précédente, présentés par lui, dans un état parfait de conservation; deux caisses de fécule de la même plante complétaient l'immense intérêt que présentait cet apport.

M. Delaunay, à Montlignon.

C. G. Billancourt, n° 508. Plant forestier. M. H.

M. Lhérault (Louis), à Argenteuil.

C. G. Billancourt, n° 510. Culture d'asperges; Culture de figuiers; Raisins à cuve. M. O., M. H., deux 1er prix, deux 2e prix.

M. Lhérault-Salbœuf, à Argenteuil.

C. G. Expositions permanente et de saison : Variétés d'Asperges. M. A., deux 1er prix ; 2e prix.

R. J. I. Tome XII. Page 551. *Asperges.* — La réputation, bien méritée, des cultures d'Asperges des environs de Paris, est depuis longtemps bien établie. Les plus remarquables à tous égards sont, sans contredit, celles d'Argenteuil, dont les produits font le plus grand honneur aux cultures françaises. Gand, en Belgique, et Ulm, en Wurtemberg, les deux localités de l'Europe d'où viennent les asperges les plus renommées, n'ont jamais rien produit de comparable aux asperges d'Argenteuil. Bien que, depuis trente ans, l'asperge soit, pour Argenteuil, l'objet d'un commerce fort important (on estime que la commune d'Argenteuil a vendu pour 500,000 francs d'asperges, cette année); deux cultivateurs seulement, MM. Louis Lhérault et Lhérault-Salbœuf, ont pris part au Concours. Trois bottes d'asperges roses, hâtives, de la plus grande beauté, ont été exposées, le 15 avril, par M. Louis Lhérault; à partir de cette époque, il n'a cessé, jusqu'au 1er juin, de présenter des asperges à tous les Concours. La variété cultivée par M. Lhérault-Salbœuf étant plus tardive, mais non moins belle que celle de M. Louis Lhérault, n'a été présentée au Concours que le 1er mai. Ses envois ont été, comme ceux de son concurrent, continués sans interruption; seulement, ayant commencé quinze jours plus tard, ils ne se sont terminés que le 15 juin. Il en résulte que, grâce à ces deux exposants, on a pu, pendant une période de deux mois, admirer, à l'Exposition internationale, des asperges comme il n'en existe point ailleurs.

M. **Bergue** (Alexandre), à Marolles-en-Hurepoix.
C. G. Expositions permanente et de saison : Poiriers, Pommiers, Cerisiers.

M. **Cornil**, à Saint-Cloud.
C. G. Expositions permanente et de saison : Collection de Conifères; Poiriers en fuseau; Pêchers en espalier.

M. Cremont frères, à Sarcelles.

C. G. Expositions permanente et de saison : Culture spéciale d'Ananas ; Arbres fruitiers forcés, Fraisiers, Pêches. M. O. ; trois 1er prix, deux 2e prix.

M. Deseine père et fils, à Bougival.

C. G. Expositions permanente et de saison : Conifères, Arbres fruitiers formés, Fruits et Arbres d'ornement. M. O. avec objet d'art ; sept 1er prix, quatre 2e prix, quatre 3e prix.

Coopérateur : M. Lecocq (J.-F), à Bougival. M. A.

R. J. I. Tome XII. Page 593. — Toutes les serres du jardin réservé avaient peine à contenir les fruits apportés. La plus grande d'entre elles.....est précédée d'une espèce d'atrium.....; elle est entourée de massifs composés des conifères les plus nouvelles et les plus rares, dont la verdure tranche avec l'or, le velours et les couleurs claires et chatoyantes des étoffes flottantes le long des treilles à jour qui forment la charpente de cette gracieuse galerie qu'un spirituel écrivain a appelée le salon d'honneur du jardin. C'est là que sont disposées les belles collections de MM......Deseine, etc.

M. Cirjean, à Conflans-Sainte-Honorine.

C. R. *Cl.* 86. Raisins. **M. O.**

M. Crapotte, à Conflans-Sainte-Honorine. *(Voy. cl. 70 et 71.)*

C. R. *Cl.* 86. Raisins. **M. O.**

M. Lambert-Pacotte, à Conflans-Sainte-Honorine.
C. R. *Cl.* 86. Raisins. M. B.

R. J. I. Tome XII. Page 594. — Dans deux concours, ceux du 1ᵉʳ et du 15 octobre, une lutte très-vive s'établit entre les exposants de Thomery et ceux de Conflans-Sainte-Honorine. Le coloris des raisins de cette dernière provenance, leur bon goût, ont décidé le Jury à les placer au même rang que leurs concurrents, et je dirai même, car c'est à l'occasion des grandes Expositions comme celle de 1867, que l'on doit faire ressortir tous les mérites, que, si la réputation du chasselas de Thomery n'était si bien établie et si bien défendue par le travail et les succès de MM. Rose et Constant Charmeux, la bonté, la beauté des produits de Conflans aurait pu l'ébranler.

Aujourd'hui, la réputation de MM. Crapotte, Cirjean et Lambert-Pacotte est toute faite. Leurs produits ont une supériorité incontestable ; le tout était, pour eux, de recevoir le baptême de la publicité.

Des récompenses distinguées leur ont été accordées, et nous ne doutons pas que, à partir de ce jour, une lutte, dont tous sortiront victorieux, ne s'établisse entre ces deux pays. Paris est un débouché ouvert à toutes les bonnes choses ; ils n'ont qu'à produire beaucoup : tout s'écoulera. Les efforts des deux producteurs seront amplement récompensés.

M. Sinet, à Conflans-Sainte-Honorine.
C. R. *Cl.* 86. Raisins. M. H.

M. Knight, jardinier en chef, au château de Pont-chartrain.

C. G. Expositions permanente et de saison : Rhododendrons de l'Himalaya, Araucaria, Rosiers francs de pieds, Fruits forcés, OEillets, Pandanées, Théophrasta, Marauta, Croton, Raisins, Oignons, etc... M. A. et objet d'art; trois M. H., quatre 1er prix, deux 2e prix, quatre 3e prix.

M. Duval, à Montmorency.

C. G. Expositions permanente et de saison : Collection de Rosiers en corbeil et Roses coupées; deux M. H., trois 1er prix, trois 2e prix.

M. Van Acker, à Ris-Orangis.

C. G. Expositions permanente et de saison : Fougères; Rhododendrons; Azalées. M. O., trois 1er prix, 2e prix.

M. Cappe (E.), au Vésinet.

C. G. Expositions de saison (1re et 9e séries) : Bromeliacées, Fougères, Plantes de rocailles. M. A., 1er prix.

M. Chenevière, à Pontoise.

C. G., Exposition de saison (1re série), Choux de Milan. M. A., 1er prix, 3e prix.

M. Boyer, à Gambais.

C. G. Exposition de saison (3e série) : Rhododendrons. M. H.

M. Vaudron (Auguste), à Saint-Germain-en-Laye.

C. G. Exposition de saison (4ᵉ série) : Pelargo·
niums forts. M. A.

M. Duriez, aux Sablons, près Corbeil.
C. G. Exposition de saison (4ᵉ série) : Asperges.
M. B.

M. Reigner (Alexandre), au château de la Tou-
relle-d'Evry.
C. G. Exposition de saison (4ᵉ série) : Pelargoniums de semis; Zinnia. M. B., deux M. H., 2ᵉ prix.

M. Chenu, jardinier à l'Isle-Adam.
C. G. Expositions permanente et de saison (5ᵉ sé-
rie) : Pelargoniums variés, Gloximia, Achimènes.
M. A., M. H., trois 1ᵉʳ prix, 2ᵉ prix, 3ᵉ prix.

M. Pigny, jardinier au château de Bois-Préau, près
Rueil.
C. G. Expositions permanente et de saison (5ᵉ série) : Pelargoniums à grandes fleurs; Dracœna, Roses
tremières, Cocolœba. M. B., M. H., 2ᵉ prix, trois
3ᵉ prix.

M. Berger, à Verrières-le-Buisson.
C. G. Expositions de saison (5ᵉ et 6ᵉ séries) : Collection de fruits forcés : Fraises, Glaïeuls et fleurs
coupées. M. A., trois M. H., 1ᵉʳ prix, 3ᵉ prix.

M. Doyen, à Saint-Germain-en-Laye.
C. G. Exposition de saison (5ᵉ série) : Fleurs coupées d'Iris Xiphium.

M. Grugeoire, aux Mesnuls.

C. G. Exposition de saison (6e série) : Roses de semis, fleurs coupées.

M. Laloy (Henry), à Rueil.

C. G. Exposition de saison (6e série) : Roses (100 variétés) ; fleurs coupées, Dalhia. M. B., 1er prix et 2e prix.

M. Ledecheux, à Villecresne.

C. G. Exposition de saison (6e série) : Roses coupées. M. H.

M. Cajon, jardinier à Montesson.

C. G. Exposition de saison (6e série) : Légumes, Œillets. M. H.

Gauthier-Dubos, à Pierrefitte.

C. G. Expositions de saison (6e et 8e séries) : Collections d'Œillets. Quatre 1er prix, cinq 2e prix.

M. Mezard, à Rueil.

C. G. Exposition de saison (6e série) : Pelargoniums, Begonias, Dalhias. Deux 1er prix, 2e et 3e prix.

M. Chardine, à Pierrefitte.

C. G. Expositions permanente et de saison (7e série) : Pelargonium zonales ; Géranium zonales ; Dalhia fleurs coupées ; Pétunia. 2e prix.

M. Tabar, à Sarcelles.

C. G. Exposition de saison (7e série) : Pelargonium zonales ; Pétunia. M. B. Quatre 2e prix, 3e prix.

M. Deschamps, à Bellevue.

C. G. Exposition de saison (7e série) : Bouquet; Cerises , Fraises. 3e prix.

M. Carcenac, à Bougival.

C. G. Exposition de saison (8e série) : Gloxinia, Thydea. M. A. , 1er prix , 2e prix.

Coopérateur : M. Vallerand (Joseph). M. B.

M. Carnelle, à Jouy-le-Comte.

C. G. Exposition de saison (8e série) : Œillets de semis.

M. Perthuis (Edmond), à Neauphle-le-Vieux.

C. G. Exposition de saison (8e série) : Aucuba.

M. Gauthier (Théophile), à l'Isle-Adam.

C. G. Exposition de saison (8e série) : Achimènes.

M. Bossin, à Hannecourt, par Meulan.

C. G. Exposition de saison (9e série) : Laitues.

M. Decauville (A.), à Petit-Bourg, Evry-sur-Seine. (*Voy. cl.* 53.)

C. G. Exposition de saison (9e série) : Pélargoniums de semis; Légumes. M. A. et M. H.

Coopérateur : M. Enfer (Victor), jardinier. M. A.

M. Sanson, à Etampes.

C. G. Exposition de saison (9e série) : Groseillers à grappe de semis.

M. Valée, jardinier au château de **La Tour**, à Montlignon.

C. G. Exposition de saison (9ᵉ série) : Gloxinia de semis. M. B., deux 1ᵉʳ prix, 2ᵉ prix.

M. Oudin (Gabriel), jardinier en chef, au Palais de Meudon.

C. G. Exposition de saison (10ᵉ série) : Zinnia fleuris; Pelargoniums. M. B., deux M. H., 1ᵉʳ prix.

M. Vigneau, à Montmorency.

C. G. Exposition de saison (10ᵉ série) : Dalhias, Fleurs coupées. M. H.

M. Devaux (Alexandre), à Ermont.

C. G. Exposition de saison (11ᵉ série) : Dalhias coupés; Légumes; Fruits. 2ᵉ prix.

M. Bourgeois, au Perray.

C. G. Exposition de saison (11ᵉ série) : Chasselas incisés. M. A.

M. Despaux, jardinier chez M. Gigre, à Brunoy.

C. G. Exposition de saison (11ᵉ série) : Achimènes. M. H.

M. Dieuzy-Fillion, à Versailles.

C. G. Expositions permanente et de saison (11ᵉ série) : Agaves variées et Lierres. M. B. et M. H.

M. Coulon, jardinier chez M. G. Royer, au Plessis-Bouchard.

C. G. Exposition de saison (12e série) : Dalhias coupés. M. H.

M. Crouvreux, jardinier chez **M. Cramail**, à Rueil.
C. G. Exposition de saison (12e série) : Dalhias de semis.

M. Dominique fils, jardinier au château de Hauldres.
C. G. Exposition de saison (12e série) : Reines-Marguerites; Fleurs coupées.

M. Vavin (E.), à Pontoise.
C. G. Exposition de saison (12e série) : Pommes de terre. M. B.

M. Horat, jardinier chez **M. Gucz**, à Belcour.
C. G. Exposition de saison (12e série) : Philodendron, Begonia. M. H.

Société d'horticulture d'Etampes.
C. G. Exposition de saison (12e série) : Collections de légumes. 2e prix.

M. Chauvin, pharmacien, à Versailles.
C. G. Exposition permanente (13e série) : Marrons conservés. M. H.

M. Falluel, à Bessancourt.
C. G. Exposition de saison (13e série) : Fruits à pépins, Poires. M. H.

M. Seigneur, jardinier chez **M.** le comte de Gouy, à Marines.

C. G. Exposition de saison (13ᵉ série) : Fruits à pépins. M. H.

Société d'horticulture de Pontoise.
C. G. Exposition de saison (13 série) : Fruits à pépins ; Légumes. M. B., deux 2ᵉ prix.

M. Devoitine, jardinier, à Livry.
C. G. Exposition de saison (13 série) : Dalhias.

M. Duflot (Victor), à Mantes-la-Ville.
C. R. Exposition de saison : Dalhias. M. H.

M. Remy, à Pontoise.
C. R. Exposition de saison : Pommes de terre. M. B.

M. Renaudot, à Méry-sur-Oise.
C. R. Exposition de saison : Champignons. M. B.

M. Buzin, à Montmagny.
C. R. Exposition de saison : Pendanus. M. H.

M. Ayen (duc d'), à Champlâtreux.
C. R. Exposition de saison : Orchidées. M. A.
Coopérateur : M. Fanton, jardinier en chef. M. B.

GROUPE X.

Objets spécialement exposés en vue d'améliorer la condition physique et morale de la population.

CLASSE 89. — *Matériel et méthode de l'enseignement des enfants.*

Orphelinat des Frères, à Versailles.
C. G., n° 204. Cartes et Dessins.

M. Lenoir, à S aint-Cloud.
C. G., n° 210. Système disciplinaire de classe ; méthode d'écriture.

CLASSE 90. — *Bibliothèque et matériel de l'enseignement donné aux adultes, dans la famille, l'atelier, la commune ou la corporation.*

Bibliothèque populaire de Taverny. M. Robinet, président.
C. G., n° 53. Catalogue, Statisque.

M. Leclaire, à Herblay, président de la Bibliothèque populaire.
C. G., n° 57. Cataloque, Statuts, Règlements. M. H.

M. Rameau (C. V.), à Versailles.
C. G., n° 112. Législation usuelle. M. H.

M. Robertson (T.), à Bellevue.

C. G., n° 122. Cours de langue anglaise ; l'Anglais à la portée des enfants. M. H.

M. Maupin (P. V.), à Pontoise.

C. G., n° 132. Tableau pour l'enseignement pratique des poids et mesures.

M. Challeton de Brughat (F.), au château de Montauger, près Corbeil. *(Voy. cl. 37 et 40.)*

C. G., n° 169. Art du briquetier ; Exploitation des mines de houille.

M. Masquelez (A.), à l'Ecole militaire de Saint-Cyr.

C. G., n° 204. Journal d'un officier de zouaves ; Notions élémentaires de la fabrication et de l'emploi des armes à feu ; Castramétation des Romanis. M. H.

Ecoles des Frères de Pontoise, frère Abel, directeur à Pontoise.

C. G., n° 282. Cours de dessin.

Orphelinat impérial de Versailles, frère Photius, directeur.

C. G., n° 302. Pensionnat.

M. Bonhommé (F.), à Sèvres.

C. G., n° 316. Dessins métallurgiques pouvant servir à l'étude de la technologie.

M. Madrc (le comte de), à Bellevue.

C. G., n° 373. Société civile pour la création de maisons d'école.

CLASSE 91. — *Meubles, vêtements et aliments de toute espèce, distingués par les qualités utiles unies au bon marché.*

MM. Parrabère et Schang, à Versailles.

C. G., n° 13. Siéges à dossier d'une seule pièce, cintrés à la vapeur. M. H.

M. Dujoncquoy (A.) et fils, à Villebrun, par Dourdan.

C. G., n° 237. Bonneterie de laine et coton. M. B.

M. Trotry-Latouche frères, à Chatou.

C. G., n° 238. Casquettes et bonnets pour la troupe ; Chaussures et Galoches. M. H.

M. Chollet (L.-R.) fils aîné, à Versailles.

C. G., n° 416. Chaussures ; Bottes pour l'équitation ; Procédé pour l'emballage de la chaussure. M. B.

M. Mantin frères, à Arpajon.

C. G., n° 419. Chaussures rivées à la mécanique. M. A.

CLASSE 92. — *Spécimens des costumes populaires des diverses contrées.*

M. Frère (P.-E.), à Écouen. (*Voy. cl.* 1 *et* 2.)

C. G., n° 43. Dessins de costumes des départements de la Lozère et du Nord.

R. J. I. Tome XIII. Page 871. — La France compte 45 exposants : 16 ont des études peintes ou dessinées qui sont de précieux renseignements pour le type, la tournure et la manière de s'habiller de nos bons paysans. Je n'analyserai pas cette première partie destinée à combler la lacune que laisse le mannequin, quelque bien fait qu'il soit. Il me suffira de donner les noms des artistes qui les ont envoyés, pour faire comprendre l'intérêt qui s'y attache. Ce sont MM..... Édouard Frère......

CLASSE 94. — *Produits de toute sorte, fabriqués par les ouvriers chefs de métier.*

M. Géry-Griffon, teinturier à Sèvres.
C. G.. n° 72. Gants avariés reteints.

M. Ochseubein (J.-B.), tailleur, à Saint-Germain-en-Laye.
C. G., n° 120. Tapis en drap.

M. Lafosse, à Rueil.
C. G., n° 258. Meuble de toilette. M. B.
R. J. I. Tome XIII. Page 974. — Nous ne terminerons pas ce qui concerne ce groupe sans mentionner l'emploi intelligent et fort habile que M. Lafosse a fait de la scie à découper pour fabriquer des cadres de glaces, un meuble de toilette, ainsi

qu'un petit châlet. Au moyen de cet instrument, ordinairement brutal, maintenant allégé, policé pour
ainsi dire et adroitement manié, M. Lafosse est parvenu à produire des ornements qui n'étaient dus
jadis qu'à l'emporte-pièce, et qui ont gagné tout
ce que peut donner la liberté laissée au goût et à
la fantaisie. On peut ainsi éviter tout ce que l'emporte-pièce présente de raideur et de monotonie,
et la variété du produit échappe aux conditions oné-
reuses d'un outillage encombrant et coûteux.

EXPOSITION DE L'HISTOIRE DU TRAVAIL

ET DES MONUMENTS HISTORIQUES.

La Commission impériale avait décidé que pour compléter la grande Exposition de 1867, il serait fait, dans le palais du Champ-de-Mars, une *Exposition des œuvres caractérisant les diverses époques de l'Histoire du travail*. Cette Exposition devait recevoir les œuvres produites dans les différentes contrées, depuis les temps les plus reculés jusqu'à la fin du XVIII⁰ siècle, et comprendre même les produits des premières époques de l'humanité, antérieures à la découverte des métaux.

Le but que la Commission se proposait d'atteindre était de faire connaître, par la vue des monuments qu'elles nous ont laissées, les époques principales de l'art et de l'industrie de nos pères et, en outre, de faire saisir, par un classement méthodique, la succession chronologique des progrès, des transformations et des décadences du travail national. Conséquemment, la Commission ne pouvait admettre dans la section française que les objets se rattachant à l'art et à l'industrie des populations qui ont vécu sur le sol de la France.

L'exposition de l'histoire du travail a occupé une galerie spéciale, construite en maçonnerie, située autour du jardin central du palais du Champ-de-Mars et circonscrite par la galerie des œuvres d'art; elle avait pour annexe le *promenoir intérieur* couvert.

La portion de la galerie réservée à l'histoire du travail en France, était divisée en dix parties correspondant à chacune des époques ci-dessous déterminées :

1° La Gaule avant l'emploi des métaux ;

2° La Gaule indépendante ;

3° La Gaule pendant la domination Romaine ;

4° Les Francs jusqu'au sacre de Charlemagne (800) ;

5° Les Carlovingiens, du commencement du IXe siècle à la fin du XIe ;

6° Le moyen-âge, du commencement du XIIe siècle jusqu'à Louis XI inclusivement (1100 à 1483) ;

7° La Renaissance, depuis Charles VIII jusqu'à Henri IV (1483 à 1610) ;

8° Les règnes de Louis XIII et de Louis XIV (1610 à 1715) ;

9° Le règne de Louis XV (1715 à 1755) ;

10° Le règne de Louis XVI et la Révolution (1775 à 1800).

C'est en se conformant à ces divisions historiques que les exposants appartenant au département de Seine-et-Oise — autant qu'il a été possible de les discerner sur la liste générale du catalogue spécial (C. S.), — vont être réparties en expliquant les objets qui composaient leurs expositions.

Cette riche exhibition ne constituant pas un concours, il ne lui a pas été attribué de récompenses de mérite par le Jury international, mais bien une *médaille commémorative unique* qui, remise à chaque exposant, témoigne de sa généreuse coopération à la vulgarisation de nos précieuses antiquités historiques.

1ʳᵉ EPOQUE. — LA GAULE AVANT L'EMPLOI DES MÉTAUX.

Premier Age de la Pierre : Alluvions quaternaires et Dépôts réputés contemporains.

M. Robert (le docteur Eugène), à Bellevue.

C. G., n° 27. Hache de silex, type de Saint-Acheul, trouvée à la surface du sol, à Brégy (Oise).

Restes fossiles d'animaux éteints ou émigrés qui ont vécus dans le premier Age de la Pierre.

M. Robert (le docteur), à Bellevue.

C. G., n° 160. Frontal avec cornes d'Ovibos musqué des alluvions quaternaires de Précy (Oise).

Deuxième Age de la Pierre : ateliers, grottes de la 3ᵉ époque, sépultures, dolmens.

M. Robert (le docteur), à Bellevue.

C. G., n° 239. Pointe de Silex des Bruyères de Sèvres (Seine-et-Oise).

N° 246. Carton contenant 10 pièces, en général Haches de silex provenant de la Vienne..... des environs de Paris..... ; trois de cette dernière provenance exposées par le docteur Robert.

M. Costa de Beauregard (le comte), à Neauphle-le-Château.

C. G., n° 278. Magnifique Hache polie de Jadéite, longueur 35 centimètres, du Midi de la France.

M. Robert (le docteur), à Bellevue.

C. G., n° 298. Carton contenant 13 pièces; Hache de silex emmanchée dans une gaîne de bois de cerf; Arc de cercle en pierre avec deux trous de suspension : ces deux pièces sont du dolmen de Meudon; Haches polies de pierre et silex taillés des départements de la Seine, Seine-et-Oise et Oise.

N° 311. Emmanchure en bois de cerf et cinq instruments en os de diverses localités.

N° 317. Neuf Dents percées du dolmen de Meudon.

Habitations lacustres.

M. Costa de Beauregard (le comte), à Neauphle-le-Château.

C. G., n° 330. Tube en terre mal cuite; Station lacustre de Beauregard; Lac de Genève (Haute-Savoie).

N° 331. Vase des stations lacustres du lac du Bourget (Savoie).

N° 332. Petit vase en bois de cerf troué sur le côté, d'une sépulture des chaumes d'Auvenay.

N° 333. Vase avec croix sur le fond; Habitations

lacustres du lac du Bourget; Station de Grésine (Savoie).

M. 334. Vase avec l'inscription : SEVERINUS F., sur le fond; Station du Châtillou; Lac du Bourget (Savoie).

N° 335. Carton contenant 32 pièces; deux Haches à ailerons; trois Couteaux; trois Bracelets ovales; quatre Anneaux; deux Bagues; une Fibule; deux Hameçons; deux Aiguilles; cinq Épingles; un Bout de Fourreau et une Baguette de bronze; une longue Pointe en fer; trois Silex et deux Grains de collier; des Habitations lacustres du lac du Bourget (Savoie).

N° 336. Cinq Vases en terre de formes très-diverses, des Habitations lacustres du lac du Bourget.

N° 337. Deux Torches; Supports de Vases en terre; Lac Du Bourget.

N° 338. Quatre Marteaux ou Grugeoirs de pierre; des Habitations lacustres du Lac du Bourget.

N° 339. Un carton contenant 28 pièces en Poterie; une longue série très-ouvrée de ces Rondelles percées, dites Fusaïoles; deux petits Vases; plusieurs fragments de Poterie diversement ornés, l'un polychrome, un autre garni d'incrustations en étain; une Boule creuse ornée, fort intéressante; Habitations lacustres du Bourget (Savoie).

N° 340. Grand Vase en terre intact; Habitations lacustres du lac du Bourget (Savoie).

13*

2ᵉ Et 3ᵉ ÉPOQUES. — LA GAULE INDÉPENDANTE. — LA GAULE PENDANT LA DOMINATION ROMAINE.

Instruments de Pierre.

M. Robert (le docteur), à Bellevue.

C. G., n° 351. Quatre Pierres taillées en forme de très-petites Haches, trouvées dans la Seine, à Paris; une petite Lame d'Amphibole trouvée au pont Saint-Michel; une petite Hache trouvée à Brégy (Oise); une autre plus petite trouvée à Orange; une autre de grès rouge; un Pendant de Collier; Pierre noire percée à l'une de ses extrémités, trouvée dans la Seine.

Haches.

M. Costa de Beauregard (le comte), à Neauphle-le-Château.

C. G., n° 356. Moule à deux pièces, destiné à couler des Haches de bronze à ailerons et à bélière.

N° 380. Outil en forme de spatule avec manche en double gouttière, trouvé à Pontcharraz (Isère).

Torques, Armilles.

M. Costa de Beauregard (le comte), à Neauphle-le-Château.

C. G., n° 469. Collier composé d'une large lame d'or flexible, offrant à la partie antérieure onze ouvertures horizontales, entre lesquelles la lame simule des tiges hémicylindriques, trouvé à Plouharnel (Morbihan).

N° 495. Ossements humains auxquels sont encore passés quatre paires d'armilles de bronze, décorées de traits gravés alternant avec des saillies ; Fibule de bronze à ressort surmontée d'une plaque oblongue décorée d'annelures ; une Bague entr'ouverte, même décoration ; un Collier de grains d'ambre ; le tout trouvé dans les sépultures de Saint-Jean-de-Belleville (Savoie).

N° 497. Bracelet d'or dont les extrémités s'entre-croisent, trouvé à Plouharnel (Morbihan), dans un dolmen.

N° 498. Bracelet composé d'une tige cylindrique dont les extrémités se croisent sur un tiers de la circonférence et sont arrêtées par deux nœuds ; Fer. Trouvé en Savoie.

Ustensiles.

M. Robert (le docteur), à Bellevue.

C. G., n° 861. Barre de plomb, munie de deux bélières de cuivre, trouvée dans les fouilles du Jardin du Luxembourg ; Paris 1862.

Briques.

M. Robert (le docteur), à Bellevue.

C. G., n° 932. Dix fragments de provenances diverses ; à savoir : grande Brique striée provenant des Thermes de la rue Gay-Lussac, à Paris ; petit fragment de même nature provenant du Jardin du Luxembourg ; deux autres de Targuimpol (Meurthe) ; un autre de Dieulouard (Moselle) ; un fragment de

Brique portant l'empreinte de la patte d'un animal, Jardin du Luxembourg ; Bec de vase à écouler, École des Mines, Jardin du Luxembourg ; Poids de tisserand ; Terre cuite, recueilli près de la Maison-Carrée à Nimes ; deux fragments de Tuyaux d'hypocauste avec stries, Jardin du Luxembourg.

Moules et Figurines de terre blanche.

M. Robert (le docteur), à Bellevue.

C. G., n° 997. Petite Colombe, terre blanche, trouvée à Arles (Bouches-du-Rhône).

Vases de très-ancien style.

M. Robert (le docteur), à Bellevue.

C. G., n° 1008. Sept fragments de Poteries de terre brune très-grossière ; la plupart trouvés à Meudon, près Paris.

Vases rouges.

M. Robert (le docteur), à Bellevue.

C. G., n° 1035. Grand fragment de Vase à couverte rouge, orné de reliefs ; diverses Figures humaines de bon style. Trouvé dans le Jardin du Luxembourg.

N° 1036. Grand fragment de Vase à reliefs, couverte rouge ; Femmes nues, les cheveux tombant sur les épaules, les mains liées derrière le corps, livrées aux animaux de l'amphithéâtre (peut-être des chrétiennes) ; le champ est semé de palmes.

Trouvé près de l'Ecole des Mines, dans le voisinage du Luxembourg.

N° 1039. Vingt trois fragments de Poteries à couverte rouge, avec ou sans ornements en relief ; quelques uns d'entre eux portent des noms de potiers : PATRICI. — OF. MVR. — OF. PASSENI. — COTVLO. — OF. MONT. — ALBVCI ATTI. — AVSTERINI, M. — OF. ALBANI. — M. PRIMI. — OF. PRIM. — PASSIEN. — Trouvés dans le Jardin du Luxembourg, à Paris.

N° 1041. Deux fragments de grand Vase à couverte rouge ; Médaillon en reliefs. L'un deux porte le nom du potier : CASTVCA. F. Trouvés dans le Jardin du Luxembourg, à Paris.

M. Olivier, à Bezons.

C. G., n° 1048. Coupe profonde, couverte rouge, trouvée à Montdidier (Somme).

M. Robert (le docteur), à Bellevue.

C. G., n° 1070. Trois petites Coupes, couverte rouge ; l'une porte la marque V F. une autre, F. C O. Trouvées à Orange (Vaucluse).

Vases de terre noire et de terre grise.

M. Robert (le docteur), à Bellevue.

C. G., n° 1139. Vase à pause striée horizontalement, avec large embouchure évasée ; terre grise.

N° 1177. Fragments d'une très-grande amphore de terre noire, trouvés dans le Jardin du Luxembourg, à Paris.

M. Olivier, à Bezons.

C. G., n° 1184. Vase de terre noire, à panse sphéroïdale, trouvé près de Montdidier (Somme).

N° 1185. Très-petit Vase de terre noire, trouvé près de Montdidier (Somme).

M. Robert (le docteur), à Bellevue.

C. G., n° 1196. Vase extrêmement petit ou Godet sans anse, terre grise, trouvé dans le Jardin du Luxembourg, à Paris.

Vases de Fabriques diverses.

M. Olivier, à Bezons.

C. G., n° 1261. Vase de terre grossière, coupe profonde, trouvé près de Montdidier (Somme).

Lampes.

M. Robert (le docteur), à Bellevue.

C. G., n° 1275. Très-petite Lampe, sans anse, terre rouge, trouvée à Avignon.

Ivoire, Os.

M. Robert (le docteur), à Bellevue.

C. G., n° 1307. Rondelle de suspension en corne de cerf ; Anneau de même matière ; Grains de collier de verre. Trouvés à Meudon en 1845.

N° 1313. Quatre portion de flûte ; Os, trouvés à Reims et dans le Jardin du Luxembourg.

N° 1322. Deux Styles à écrire *(graphium)* ; Os.

5ᵉ ÉPOQUE. — CARLOVINGIENS. (Du commencement du IXᵉ siècle à la fin du XIᵉ.)

Armes et Ferronnerie.

M. Robert (le docteur), à Bellevue.

C. G., nᵒ 1686. Fragment de glaive ; Pommeau triangulaire, garde droite très-courte. Trouvé au camp d'Attila.

Nᵒ 1687. Couteau lisse avec sa soie plate et une virole recourbée.

6ᵉ ÉPOQUE. — LE MOYEN-AGE. (Du commencement du XIIᵉ siècle jusqu'à Louis XI, inclusivement.)

Ivoires.

M. Costa de Beauregard (le comte), à Neauphle-le-Château.

C. G., nᵒ 1745. Figure d'homme agenouillé, coiffé d'un bonnet, vêtu d'une grande robe, chaussé : probablement saint Joseph ; trace d'orfrois et de dorure ; fragment d'une adoration de l'Enfant Jésus. XIIIᵉ siècle.

Bois.

M. Haquette, à Sèvres.

C. G., nᵒ 1788. Tête de Vierge pleurant, la tête couverte d'un voile et d'un manteau ; carnations peintes, yeux en émail. Fin du XVᵉ siècle.

Meubles.

M. Labouchère (Henri), à Jouy-en-Josas.

C. G., n° 1796. Coffret en bois verni en blanc, garni de ferrures en cuivre estampé ; sur la garniture du bord, l'inscription gravée : *Memento mei.* Fin du XVe siècle.

Monnaies et Médailles.

M. Robert (le docteur), à Bellevue.

C. G., n° 1943. Florin d'or de Humbert, dauphin de Viennois.

Orfévrerie.

Bibliothèque de Versailles.

C. G., n° 1975. Crosse en cristal de roche montée au XIIIe siècle, en argent fondu, ciselé et doré ; Bâton formé de 8 cylindres en cristal de roche, réunis par des nœuds en agathe, XIIIe et XVe siècles ; ancienne Abbaye du Lys.

N° 1976. Crosse en cristal de roche, montée au commencement du XVIe siècle, en argent ; Bâton en argent, orné de nœuds et d'une torsade de fleurs de lys et de chardons, XIIe et XVIe siècles ; ancienne Abbaye de Maubuisson.

M. Labouchère (Henri), à Jouy-en-Josas.

C. G., n° 2000. Bague, Anneau plat ; Chaton formé de deux plaques carrées superposées et garnies de perles à leurs sommets ; *Argent,* XIVe siècle.

Chartes.

M. Bart (Victor), à Versailles.

C. G., n° 2200. Charte de Louis-le-Gros, en 1152.

7° ÉPOQUE. — LA RENAISSANCE, depuis Charles VII
jusqu'à Henri IV (1610).

Monnaies et Médailles.

M. Labouchère (Henri), à Jouy-en-Josas.

C. G., n° 2387. Louis XII et Anne de Bretagne.
— *Droit :* Louis XII, de profil à droite, coiffé d'un
bonnet fleurdelisé, portant le collier de Saint-Mi-
chel, sur fond fleurdelisé, avec cette légende : FE-
LICE LUDOVICO REGNANTE DUODECIMO CESARE ALTERO
GAVDET OMNIS NACCIO. — *Revers :* Anne de Bretagne,
de profil à gauche, sur un fond mi-parti France et
Bretagne. — *Légende :* LUGDVN REPVBL'CA GAUDENTE
BIS ANNA REGNANTE BENIGNE SIC FVI CONFLATA. 1499.
— *Bronze.*

N° 2389. François Ier à dix ans, buste de profil à
droite, coiffé d'un bonnet : FRANÇOIS, DVC DE VA-
LOIS, COMTE DANGOVLESME, AV X AN D. S. EA. —
Revers : Salamandre dans les flammes, NOTRISCO.
ALBVNO. STINGO. ELREO. MCCCCCIII. — *Argent.*

N° 2392. Mathieu de l'Hopital, de profil à gauche,
chauve, avec une grande barbe. M.-OSP. FRAN
CANCEL. — *Revers :* Une tour sur un roc, frappée
par la foudre. IMPAVIDVM FERIENT RVINAE. — *Argent
doré.*

N° 2394. Le duc d'Epernon, le front chauve, de profil à droite, avec une armure. I. L. A. LAVALETA D. ESPERN. P. ET. TOT. GAL. PEDIT. PROEF. G. DUPRE., 1607. — *Revers* : L'envie tenant deux torches, à côté d'un lion : INTACTVS VTRINQVE. — *Bronze doré*.

N° 2403. Pierre Jeannin, buste de profil à droite, revêtu d'une robe à large collet renversé. PETRVS IEANNIN REG. CHRIST. A. SECRE et SAC. ÆRA PROEEF. — Grand module. — *Bronze*.

N° 2404. Théodore de Bèze, buste de trois-quart à gauche, coiffé d'un bonnet, vêtu d'une ample robe. THEODORE DE BEZE. — Petit module. — *Bronze*.

N° 2405. Jeanne de Navarre, buste de profil à droite, coiffé d'un bonnet, vêtu d'une robe à haut collet. — Petit module. — *Bronze* percé à jour dans une moulure.

N° 2406. Médaille en argent de France, trouvée dans le Rhin. Henri IV, de profil à droite. HENRICVS IIII. D. G. FRANC. ET NAVAR. REX. 1662. — *Revers* : Deux colonnes sur un soubassement, portant une couronne, enlacées de lauriers. FOEDERA MAGNI REGIS SACRA. — *En exergue* : EX ARGENTO FRANCIGENA, I. F. RENO EFFOSSO. — *Argent doré*.

N° 2408. Henri IV, de trois-quart à droite, revêtu d'une armure. HENRICVS IIII. CHRISTIANMO. — *Revers* : Le roi debout, en costume de ville, donnant la main à une femme qui tient un bouquet de fleurs. — *Légende en béarnais* : SIÆTE FIDEL SINO A LA MUORTE. — *Argent*.

N° 2409. Henri IV, de trois-quart à droite, coiffé d'un chapeau à larges bords relevés antérieurement. HENRICVS IIII DG. REX. FRANC. ET NAV. — *Revers* : Les deux écus de France et de Navarre, entourés par le collier de Saint-Michel. — *Cuivre doré.*

N° 2415. Henri IV, de profil à gauche, lauré, en armure. HENRICVS IIII FRANCOR. ET NAVAR. REX. 1594. — *Revers* : Deux épées croisées, entourées de lauriers. JUS DEDIT ET DABIT VTI. — *Argent.*

N° 2418. Anne d'Autriche, à mi-corps, de profil à droite, tenant Louis XIV de profil à gauche. ANNA D. G. FR. ET NAV. REG. RE. R. MATER. LVD. XIV D. G. FR. ET NAV. REG. CHR. — *Bronze.*

Etain.

M. Labouchère (Henri), à Jouy-en-Josas.

C. G., n° 2450. Charles IX, roi de la Ligue, de profil à gauche, couronne en tête, avec le manteau d'hermine à bordure fleurdelisée et le cordon de Saint-Michel. CAROLVS X D. G. FRANCORUM REX.

N° 2451. François II, buste de profil à droite, coiffé d'un chapeau bas à plume, vêtu d'un costume civil à haut collet. FRANCISCVS II D. G. FRANCOR. REX.

Orfèvrerie et Bijoux.

M. Labouchère (Henri), à Jouy-en-Josas.

C. G., n° 2505. Chaîne à maillons ovales et à section triangulaire ; cuivre doré.

Bibliothèque de Versailles.

C. G., n° 2506. Ceinture en tissu de soie broché

d'or, garnie de plaques terminales et de petites rosaces en vermeil. Commencement du XVIe siècle.

Gainerie.

M. Labouchère (Henri), à Jouy-en-Josas.

C. G., n° 3090. Coffret garni de cuir noir gravé de personnages et d'armoiries dans des médaillons entourés de rinceaux ; Figures en style du XVe siècle (peut-être allemand). Commencement du XVIe siècle.

8e EPOQUE. — RÈGNES DE LOUIS XIII ET LOUIS XIV.

Monnaies et Médailles.

M. Labouchère (Henri), à Jouy-en-Josas.

C. G., n° 3274. Piéfort d'un franc de Henri IV, tête laurée de profil à droite, 1607. + HENRICVS IIII D. G. FRANCO ET NAVARÆ REX. — R*. croix fleuronnée. — EST NOMEN DOMINI BENEDICTVM. A. — Sur la tranche : PERENNITATI PRINCIPIS GALLICE RESTITUTORIS. — *Argent.*

N° 3275. Piéfort d'un demi-teston de Louis XIII, tête laurée de profil à droite. + LVDOVICVS XIII D. G. FRAN. ET NAVARÆ REX. 1618. — R*. croix fleuronnée. — SIT NOMEN DOMINI BENEDICTVM. A. — Sur la tranche : IVSTISSIMI REGIS PERENNITATI. — *Argent.*

N° 3281. Louis XIV, de profil à gauche, 1681. — *Bronze.*

Eventails Louis XIV.

Madame Furtado, à Rocquencourt.

C. G., n° 3759. Eventail de lames d'ivoire, Louis XIV jeune, soumettant Dôle et Besançon, protégé par Hercule, d'après la composition de Ch. Le Brun. — *Revers :* une Pastorale ; — Monture décorée de sujets chinois.

N° 3761. Eventail de lames d'ivoire, le triomphe d'Amphitrite dans un cartouche irrégulier symétrique sur fond blanc chargé de branches de pêcher de style chinois.— *Au revers :* un Paysage marin ; — Scènes chinoises sur la monture; — Vernis Martin.

9e ÉPOQUE. — Règne de louis xv (1715 à 1775).

Monnaies et Médailles.

M. Labouchère (Henri), à Jouy-en-Josas.

C. G., n° 3953. Buste de Louis XV ; lud. xv. d. g. fr. et nav. rex. r. Blason de France. sit nomen domini a benedictum. 1740. — *Or.*

Bijoux.

M. Robert (le docteur), à Bellevue.

C. G., n° 4092. Boussole en argent gravé, formant cadran solaire. Signée *Baradelle, à Paris.*

Boîtes de vernis Martin.

M. Rochefoucauld (de La) duc de Bisaccia, à Presles.

C. G., n° 4124. Boîte carrée fond rouge, décorée de sujets dans le style de Watteau. Le couvercle représente à l'extérieur le jeu du Colin-Maillard et à l'intérieur un groupe dè deux figures sur fond d'or.

N° 4125. Boîte carrée montée à cage en or gravée, garnie de six panneaux de sujets champêtres.

Boîtes de Gemmes et de matières diverses.

M. Rochefoucauld (de La), duc de Bisaccia, à Presles.

C. G., n° 4137. Boîte en forme de tigre couché : jaspe vert montée à gorge, charnière en or. Les yeux et les dents de l'animal sont ornés de brillants, sa langue est en cornaline.

N° 4147. Boîte carrée à angles arrondis en or gravé de fleurs sur fond mat. Le couvercle et le fond sont garnis de plaques d'écaille foncée piquée d'or, représentant des trophées d'armes et des arbustes.

Faïences : Saint-Blaise, Fabrique du Haut-Pont,
dirigée par Louis Saladier.

M. Bart (Victor), à Versailles.

C. G., n° 4238. Plateau hexagone oblond, bordure fond bleu à rinceaux chargés de fleurs polychromes et de fruits héliçoïdes ; au centre, Vénus couchée et deux amours, dont un sonne de la trompette.

Porcelaine : Sèvres.

M. Thayer (sénateur), à Briis-sous-Forges.

C. G., n° 4372. Tasse presque cylindrique, fond bleu turquoise ; dans des médaillons encadrés d'or, des amours sur des nuages. 1757.

Nº 4375. Tasse couverte avec sa soucoupe, fond bleu turquoise à médaillons réservés encadrés d'or, et renfermant des amours et des emblêmes. — 1758. Décor de Couturier.

Nº 4376. Plateau rectangulaire à bord découpé à jour, portant une petite tasse à deux anses avec sa soucoupe et un sucrier ouvert; Porcelaine à fond bleu turquoise, avec médaillons encadrés d'or, ornés de fins paysages. — 1758. Décor de Gomery.

Éventails.

Madame Furtado, à Rocquencourt.

C. G., nº 4578. Eventail de vélin, monté en nacre de perle évidée, ciselée et dorée, formant trois médaillons séparés par des rayons : celui du centre représentant une femme et deux enfants, les deux autres des corbeilles; le Parnasse dans un médaillon, accompagné de deux figures en grisaille dans des médaillons ovales, fond blanc semé de guirlandes.

Nº 4587. Eventail de vélin, monté en nacre, formant des rayons séparés, ciselés, dorés et argentés; trois scènes de Fête villageoise, séparées par des ornements de style rocaille polychromes. — *Revers :* des Bergers.

Émaux.

M. Rochefoucauld (de La), duc de Bisaccia, à Presles.

C. G., nº 4603. Portrait de Marie-Anne d'Albert, fille de Louis-Charles d'Albert, duc de Luynes, etc., par Petitot, dans un cadre à réverbère en or, appliqué sur fond d'écaille noire.

10° ÉPOQUE. — LE RÈGNE DE LOUIS XVI ET LA RÉVOLUTION. (1775 à 1800.)

Monnaies et Médaillons.

M. Labouchère (Henri), à Jouy-en-Josas.

C. G., n° 4764. Buste de Louis XVI, profil à gauche. LUD. XVI. D. G. FR. ET NAV. REX. (I. P. DROZ. F.) — *Revers :* Les L couronnées du roi, renfermant le blason de France. SIT NOMEN DOMINI BENEDICTUM. 1786. — *Argent.*

N° 4765. Bustes conjugués du roi Louis XVI et de la reine Marie-Antoinette. LUD. XVI REX CHRISTIANISS. MAR. ANT. AUSTR. REGINA (Duvivier). — *Revers* : la France assise tenant le Dauphin. FELICITAS PUBLICA NATALES DELPHINI DIE XXII OCTOBRIS MDCCLXXI. — *Argent.*

N° 4766. Buste du Dauphin. LOUIS LE SECOND FILS DE LOUIS XVI, NÉ LE 27 MARS 1785 (Loos). — *Revers* : l'Histoire écrivant : REDUCAM LIBERE LE 8 JUIN 1795. — *Argent.*

N° 4767. Buste de Louis XVI. LOUIS XVI, ROI DE FR., immolé par LES FACTIEUX. — *Revers* : la France pleurant la royauté : PLEURÉS ET VENGÉS LE XXI JANVIER MDCCXCIII. — *Argent.*

Montres.

M. Thayer (sénateur), à Briis-sous-Forges.

C. G., n° 4844. Grande Montre en or à cuvette émaillée de gros-bleu et d'un rang de demi-perles.

Bijoux.

M. Thayer (sénateur), à Briis-sous-Forges.

C. G., n° 4854. Bague marquise, en or, avec rosace formée de roses rapportées sur fond de verre bleu.

M. Rochefoucauld (de La), duc de Bisaccia, à Presles.

C. G., n° 4860. Carnet de poche en basane rouge, monté en or, à ornements réservés sur fond d'émail vert ; sur chacun des côtés, un médaillon ovale peint en grisaille sur émail, que l'on peut attribuer à de Mailly.

M. Thayer (sénateur), à Briis-sous-Forges.

C. G., n° 4868. Etui à cire en or guilloché et médaillons ciselés. Il porte à sa partie inférieure une armoirie gravée.

N° 4877. Porte-plume et Crayon en or guilloché avec ornements ciselés.

M. Labouchère (Henri), à Jouy-en-Josas.

C. G., n° 4878. Petit Cadre en argent finement ciselé, entouré de lauriers et surmonté d'un ruban ; il a été transformé en reliquaire.

Boîtes d'or émaillé.

M. Rochefoucauld (de La), duc de Bisaccia, à Presles.

C. G., n° 4898. Boîte carrée en or guilloché et ciselé, ornée, sur chacune de ses faces, d'une peinture sur émail montée à enjointement, et représentant des jeux d'enfants en grisaille sur fond bleu lapis.

N° 4899. Boîte ovale en or, fond guilloché émaillé de vert, monture à cage, en or ciselé, à pilastres et ornements. Sur le couvercle, un médaillon peint sur émail, représentant une offrande sur l'autel de l'Amitié.

N° 4901. Boîte carrée à angles coupés en or guilloché, émaillé de gros bleu, avec cordons ciselés de feuilles. Chacune de ses faces est ornée d'une peinture sur émail représentant des groupes de personnages en costume du temps de Louis XV. Le médaillon du couvercle seul est ancien.

N° 4902. Petite Boîte ovale en or émaillé de gros bleu étoilé d'or avec cordons ciselés en relief et émaillés ; le dessus est orné d'une miniature ovale sur ivoire, d'après Petitot. Portrait de mademoiselle de Fontanges (?)

N° 4903. Boîte ovale en or guilloché, émaillé de gris perle, ornée de médaillons représentant des marines en grisaille, sur fond opalins. Les cordons et les pilastres ciselés en relief et émaillés sont rehaussés de points d'émail imitant l'opale.

N° 4904. Boîte carrée à angles coupés, en or guilloché, émaillé de violet : cordons, pilastres et frises d'oves en émail imitant l'opale ; sur le couvercle, un médaillon ovale peint sur émail, représentant une offrande à l'Amour.

Boîtes garnies de Gouaches ou de Miniatures.

M. Rochefoucauld (de La), duc de Bisaccia, à Presles.

C. G., n° 4952. Boîte oblongue en or guilloché; le couvercle et le fond sont ornés chacun d'une miniature sur vélin, par VAN BLARENBERGHE : la première, représente un feu d'artifice sur une pièce d'eau, en présence de quantité de personnages; la seconde, une promenade sur l'eau et une chasse au canard; cette dernière est signée.

N° 4953. Boîte ronde en écaille, galonnée d'or; sur le couvercle, une miniature sur vélin, dans la manière de Van Blarenberghe, représentant une fête de village.

N° 4954. Boîte de forme oblongue, à cage en or ciselé, garnie de six panneaux peints en miniature sur vélin, représentant des vues de Parcs et de Châteaux.

N° 4955. Petite Boîte oblongue en or guilloché, s'ouvrant dans le sens de la longueur; sur le couvercle, une miniature sur vélin, représentant une vue de Château.

N° 4956. Petite Boîte plate en or guilloché; sur le couvercle, quatre petites miniatures, représentant diverses scènes champêtres.

N° 4957. Très petite Boîte en or guilloché, ouvrant

dans le sens de la longueur. Sur le couvercle, une vue de parc, peinte à la gouache.

M. Thayer (sénateur), à Briis-sous-Forges.

C. G., n° 4964. Boîte ovale en or ciselé; le couvercle est orné d'une miniature sur ivoire, représentant un portrait d'homme.

M. Rochefoucauld (de La), duc de Bisaccia, à Presles.

C. G., n° 4966. Grande Boîte carrée montée à cage en or ciselé; au pourtour et au fond, des miniatures sur vélin, représentant des paysages gouachés; sur le couvercle, portrait de femme vue de face, sur vélin.

N° 4967. Boîte ovale en or guilloché, émaillé de gris perle avec cordons ciselés; sur le couvercle un portrait de femme peint en miniature par Mosnier, 1774.

Miniatures.

M. Rochefoucault (de La), duc de Bisaccia, à Presles.

C. G., n° 5022. Très petit Médaillon ovale, représentant l'inauguration de la place Louis XV; Miniature microscopique.

N° 5045. Fixé ovale, représentant une chasse royale sous Louis XIV; peinture attribuée à de Lioux de Savignac; cadre en or gravé à chaînette, sur fond émaillé noir.

N° 5062. Miniature carrée, sur ivoire ; Portrait des Enfants de France, assis dans un parc et jouant avec un nid d'oiseaux.

N° 5063. Deux Miniatures carrées, à angles coupés, sur ivoire ; sept Portraits des membres de la Famille royale ; l'une d'elles porte le nom Spo. 1787.

Eventails.

Madame Furtado, à Rocquencourt.

C. G., n° 5080. Petit Eventail de vélin, monté en ivoire évidé et ciselé ; la Toilette de Vénus.

Emaux.

M. Rochefoucault (de La), duc de Bisaccia, à Presles.

C. G., n° 5087. Médaillon ovale ; peinture sur émail et sur ivoire, signé HALL et représentant un portrait de jeune femme ; cadre en or et pois d'émail blanc.

Tissus.

Madame Henri Labouchère, à Jouy-en-Josas.

C. G., n° 5114. Collection de coupons et d'échantillons de toiles peintes, de la manufacture de Jouy, fondée par Oberkampf, en 1760, portant pour la plupart la marque de fabrique ; deux Tentures et Bordures, dans le goût oriental, en rouge d'Andrinople, avec bleu et vert sur fond blanc.

Echantillons de Dessins blancs, en réserve sur fond bleu ou rouge d'Andrinople.

Meuble représentant les Fables de La Fontaine, en rouge d'Andrinople. 1770.

Rideaux à colonnes de roses imitant broderie, sur fond blanc. 1772.

Rideau semé de fleurs en réserve sur fond brun foncé. 1783 à 1789.

Rideau : Branches de lilas sur fond blanc. 1780.

Coupon : Branche de corail en réserve sur fond jaune. 1789.

Coupon : Petits branchages noirs à fleurs, en réserve sur fond jaune de cachou. 1783 à 1789.

Tenture : Sujets antiques dans des médaillons géométriques rouge ou brun sur fond blanc. 1795 à 1800.

Collection des Monuments historiques de France.

ARCHITECTURE DE L'ANTIQUITÉ.

Époque Impériale.

M. Questel, architecte du Palais, à Versailles. (*Voy. cl.* 4.)

C. S. n° 1. Amphithéâtre d'Arles (Bouches-du-Rhône) : 1° Plan ; 2° Elévation.

N° 2. Théâtre d'Arles (Bouches-du-Rhône) : 1° Plan ; 2° Vue perspective ; Détails.

- N° 5. Pont du Gard et Château-d'Eau de l'aqueduc qui amenait les eaux de l'*Eure* dans la ville de Nîmes (Gard), en collaboration avec M. Laisné, architecte : 1° Face occidentale du Pont ; 2° Plan du Château-d'Eau ; coupes.

N° 6. Porte d'Auguste, à Nîmes (Gard) : Plans, coupes et élévation.

N° 8. Temple d'Auguste et de Livie, à Vienne (Isère) : 1° Plans, Façade postérieure ; 2° Façade principale, Façade latérale.

ARCHITECTURE RELIGIEUSE.

Époque Romane et de Transition.

M. Questel, architecte du Palais, à Versailles.

C. S., n° 18. Abbaye de Sylvacane (Bouches-du-Rhône), XIIe siècle : 1° Plan; 2° Coupe, Élévation; 3° Coupes, Vue générale.

N° 21. Église de Saintes-Marie (Bouches-du-Rhône), XIIe siècle : 1° Plans, Coupe transversale, Façade postérieure; 2° Coupe longitudinale, Façade latérale; Détails.

N° 40. Eglise Saint-Paul-Trois-Châteaux (Drôme): 1° Plan, Façade postérieure; Détails; 2° Coupe transversale, Coupe longitudinale; 3° Façade principale; Détails.

N° 42. Eglise de Saint-Gilles (Gard), Façade.

N° 63. Eglise Saint-Martin d'Ainay, à Lyon (Rhône), XIIe siècle : 1° Plan; 2° Coupe transversalle, Façade principale; 3° Coupe longitudinale; Détails.

N° 67. Eglise de Saint-Philibert, à Tournus (Saône-et-Loire), XIIe siècle : 1° Plan; 2° Coupe transversalle; Détails; 3° Coupe longitudinale; 4° Elévation; Détails; 5° Peintures (Denuelle, peintre).

N° 71. Eglise de Bougival (Seine-et-Oise), XIIe et XIIIe siècles : Plan, Coupe, Elévation; Détails.

ARCHITECTURE CIVILE.

de l'Epoque Romane à la Renaissance.

M. Questel, architecte des Palais, à Versailles.

C. S., n° 132. Maison romane à St-Gilles (Gard) : 1° Plan; Coupes; 2° Elévation.

LISTE ALPHABÉTIQUE

des Exposants et des Récom-

ET RÉCAPITULATIVE

penses qu'ils ont obtenues.

NUMÉROS d'ordre.	NOMS DES EXPOSANTS.	CLASSES des 10 GROUPES.	ÉPOQUES de L'HISTOIRE DU TRAVAIL.	CROIX.	M. O. avec objet d'art.	M. O. ou 1er PRIX.	M. A. ou 2e PRIX.	M. B. ou 3e PRIX.	M. H.
1	Anez	24.83						1	1
2	Anfroy fils	83							»
3	Ayen (duc d')	84 à 88					1	1	»
4	Barbet (J.)	65							»
5	Bart (Victor)		6.9						»
6	Bella (François	74							»
7	Bellant	83							»
8	Benoist	48							»
9	Berger	84 à 88				1	1	1	3
10	Bergue (Alexandre)	84 à 88							»
11	Berthoud (P.-L.-P.)	23							»
12	Bertrand	81							»
13	Bibliothèque popul. de Taverny.	90							»
14	Bibliothèque de Versailles		6						1
15	Blandin	80							»
16	Blavet (A.-A.)	65							»
17	Bocquet	81							»
18	Bonheur (François-Auguste)	1 et 2							»
19	Bonhomme (F.)	90							»
20	Bosselet	48							»
21	Bossin	84 à 88							»
22	Bouret (François)	73							»
23	Bourgeois	84 à 88					1		»
24	Bourgeois (J.-F.)	35							»
25	Boyer	84 à 88							1
26	Braque (Hector)	66 *bis*							»
27	Bussard (G.-D.)	23						1	»

NUMÉROS d'ordre.	NOMS DES EXPOSANTS.	CLASSES des 10 groupes.	ÉPOQUES de l'histoire du travail.	RÉCOMPENSES. CROIX.	M. O. avec objet d'art.	M. O. ou 1er prix.	M. A. ou 2e prix.	M. B. ou 3e prix.	M. B.
28	Bozin.	84 à 88							1
29	Cajon.	84 à 88							1
30	Caligny (marquis de).	53					1		»
31	Cappe (E.).	84 à 88				1	1		»
32	Carcenac.	84 à 88				1	2		»
33	Carnelle.	84 à 88					1		»
34	Castor (A.).	65						1	»
35	Challeton de Brughat.	37.40.90					1		»
36	Chardino.	84 à 88							1
37	Chauvin.	84 à 88				1	1	1	»
38	Chenevière.	84 à 88				3	2	1	1
39	Chenu.	84 à 88						1	»
40	Chesnay (L.-H.).	46						1	»
41	Chevillot (frères).	46						1	»
42	Chollet (L.-R.).	90							1
43	Christophe.	23				1			»
44	Christofle (Paul).	76					1		»
45	Cirjean.	86				1			»
46	Cornil.	84 à 88							»
47	Costa de Beauregard (comte).		1.2.3 6.						1
48	Coulon.	84 à 88							»
49	Courcy (Frédéric de).	1.2							1
50	Crapotte.	70.71.86				1			»
51	Cremont (frères).	84 à 88				4	2	1	»
52	Crète (L.-S.).	6				1		1	»
53	Cribier (H.).	40							»
54	Criton (L.-E.).	49				1			»
55	Croupier (J.-T.).	44							»
56	Crouvreux.	84 à 88							»
57	Cugnot (F.).	77		1					»

NUMÉROS d'ordre.	NOMS DES EXPOSANTS.	CLASSES des 10 GROUPES.	ÉPOQUES de L'HISTOIRE DU TRAVAIL.	RÉCOMPENSES.					
				CROIX.	M. O. avec objet d'art.	M. O. ou 1er PRIX.	M. A. ou 2e PRIX.	M. B. ou 3e PRIX.	M. H.
58	Dantan (Antoine-Louis)	3							»
59	Darblay (jeune)	67							»
60	Darblay (Paul)	50		1					»
61	Dargelas (Henri)	1.2							»
62	Debilly (G.)	81							»
63	Decauville (Armand)	53.84 à 88.					2		1
64	Delaunay	84 à 88							1
65	Denamps	80							1
66	Deschamps	84 à 88						1	»
67	Descine (et fils)	84 à 88			1	7	5	4	»
68	Desfosses (aîné)	83							»
69	Despaux	84 à 88							1
70	Desprez	48							»
71	Devaux (Alexandre)	84 à 88					1		»
72	Devaux (J.-M.)	5							»
73	Devoitine	84 à 88							»
74	Dieuzy-Fillion	84 à 88						1	1
75	Dominique fils	84 à 88							»
76	Doyen	84 à 88							»
77	Dubard-Dutartre	70.71					1		»
78	Duflot (Victor)	84 à 88							1
79	Duguay	48							»
80	Dujoncquoy et fils	91						1	»
81	Dupré (Jules)	1.2					1		»
82	Duriez	84 à 88						1	»
83	Duval	84 à 88				3	3		2
84	Duverger (Th.-Em.)	1.2							»
85	Ecole des frères de Pontoise	90							»
86	Falhon (J.-B.)	65							»
87	Falluel	84 à 88							1

NUMÉROS d'ordre	NOMS DES EXPOSANTS.	CLASSES des 10 groupes.	ÉPOQUES de l'histoire du travail.	RÉCOMPENSES					
				CROIX.	M. O. avec objet d'art.	M. O. ou 1er prix.	M. A. ou 2e prix.	M. B. ou 3e prix.	M. H.
88	Félix	53							»
89	Ferret (E.-A.)	23.60						1	1
90	Fortin	50							»
91	Fouju (P.-L.-G.)	50						1	»
92	Fourgeau	14.15							»
93	Frère (Charles-Théodore)	1.2							»
94	Frère P.-Ed.	1.2.92							»
95	Furtado (madame)		8.9 10						»
96	Gaïeski (A.-T.)	47							1
97	Gallet (A.)	42							1
98	Gollien (N.)	46				1			»
99	Gary (P.)	65							»
100	Gauthier-Dubos	84 à 88				4	5		»
101	Gauthier (Théophile)	84 à 88							»
102	Gautreau (T.)	48				1		1	»
103	Gery-Griffon	94							»
104	Gilbert (J.-E.)	33							»
105	Gilbert (Victor)	43.76.77		1	1		2		»
106	Gros (Lucien)	1.2							»
107	Grugeoire	84 à 88							»
108	Guerbigny-Germeuil	66							1
109	Guyon (Edmond)	38							»
110	Hamot	75.77					1	1	»
111	Haquette		6						»
112	Hennecart (J.-L.)	7						1	»
113	Herliez (A.-L.-A.)	23						1	»
114	Horat	84 à 88							1
115	Hovyn (J.-H.)	43						1	1
116	Huguenet (J.-J.)	5							»
117	Institut agronomique de Grignon	43							»

NUMÉROS d'ordre.	NOMS DES EXPOSANTS.	CLASSES des 10 GROUPES.	ÉPOQUES de L'HISTOIRE DU TRAVAIL.	RÉCOMPENSES.					
				CROIX.	M. O. avec objet d'art.	M. O. ou 1er PRIX.	M. A. ou 2e PRIX.	M. B. ou 5e PRIX.	M. H.
118	Jannot (F.-H.)	54						1	»
119	Joly (et Cie)	65				1			»
120	Josse (L.-P.)	48.50					1		»
121	Jubert	9						1	»
122	Kervincka	48							»
123	Knight	84 à 88				4	3	4	3
124	Labouchère (Henri)		6.7.8.9.10						»
125	Labouchère (madame)		10						»
126	Lafosse	94						1	»
127	Laloy (Henri)	84 à 88				1	1	1	»
128	Lambert	83							»
129	Lambert-Pacotte	86						1	»
130	Lambinet (Emile)	1.2							»
131	Lange-Allain	44							»
132	Laquas (Ch.)	83							1
133	Laumeau	83							»
134	Lavallée (A.)	43						1	»
135	Laverpillère	48							»
136	Lebœuf (V.-F.)	44							»
137	Leclaire	90							1
138	Leclère	83							»
139	Lecoq (L.-J.)	23						1	»
140	Ledecheux	84 à 88							1
141	Lefebvre (Ch.)	77					1		»
142	Lemaire (N.-D.)	38							»
143	Lenoir	89							»
144	Leroy de Kéraniou	65.66							»
145	Létu et Mauger	17					1		»
146	Lhérault (Louis)	84 à 88				3	2		1
147	Lhérault-Salbœuf	84 à 88				2	2		»

NUMÉROS d'ordre.	NOMS DES EXPOSANTS.	CLASSES des 10 GROUPES.	ÉPOQUES de L'HISTOIRE DU TRAVAIL.	RÉCOMPENSES.					
				CROIX.	M. O. avec objet d'art.	M. O. ou 1er PRIX.	M. A. ou 2e PRIX.	M. B. ou 3e PRIX.	M. H.
148	Lorette	83							»
149	Madre (comte de)	90							»
150	Mantin frères	35.90					1		»
151	Manufacture de Sèvres	17				2	11	17	»
152	Marillier	50							1
153	Masquelez (A.)	90							»
154	Maupin (P.-V.)	90							»
155	Mazure (P.-A.)	48							»
156	Meissonnier (J. L. E.)	1.2			1				»
157	Méry (A.-E.)	1.2							»
158	Metcalfe (W.)	55.56						1	»
159	Meyer (Alfred)	17						1	»
160	Mezard	84 à 88				2	1	1	»
161	Minist. de la Maison de l'Emper.	53					1		»
162	Minster	6						1	1
163	Monvignier-Monnet	66							1
164	Morlot (G.-F.)	55.56					1	1	»
165	Noël (S.-A.)	37							»
166	Ochseubein (J.-B.)	94							»
167	Olivier		2.3						»
168	Orphelinat des fr. de Versailles	89							»
169	Orphelinat impér. de Versailles	90							»
170	Oudin (Gabriel)	84 à 88				1		1	2
171	Parrabère et Schang	91							1
172	Perot (G.-J.)	8						1	»
173	Pescatore (madame)	76							»
174	Perthuis (Edmond)	84 à 88							»
175	Pigny	84 à 88					1	4	1
176	Pluchet (Emile)	77			1		1		»
177	Pousin	13							1

NUMÉROS d'ordre.	NOMS DES EXPOSANTS.	CLASSES des 10 GROUPES.	ÉPOQUES de L'HISTOIRE DU TRAVAIL.	RÉCOMPENSES.					
				CROIX.	M. O. avec objet d'art.	M. O. ou 1er PRIX.	M. A. ou 2e PRIX.	M. B. ou 3e PRIX.	M. H.
178	Questel (Charles-Auguste)	4	Arch.				1		»
179	Rameau (C.-V.)	90							1
180	Reigner (Alexandre)	84 à 88					1	1	2
181	Rémout	84 à 88				1	1	1	1
182	Rémy	84 à 88						1	»
183	Renaudot	84 à 88						1	»
184	Ribot (Th.-Aug.)	1.2							»
185	Robert (docteur Eugène)	81	1.2.3.5. 6.9				1		»
186	Robert (L.)	9							»
187	Robertson (T.)	90							1
188	Rochefoucauld (de La) duc de Bi-saccia		9.10						»
189	Rouget (François)	5							»
190	Sagot (l'abbé)	43.50.81						1	1
191	Sanson	84 à 88							»
192	Schultz (F.-P.-E.)	12							»
193	Seignant	83							»
194	Seigneur	84 à 88							1
195	Sinet	86							1
196	Société de la papet. d'Essonnes	7							»
197	Société des eaux d'Enghien	44							»
198	Société d'horticult. d'Etampes	84 à 88					1		»
199	Société d'horticult. de Pontoise	84 à 88					2	1	»
200	Soyer (Paul)	1.2							»
201	Steinmann	23							»
202	Supplice	83							»
203	Tabar	84 à 88					4	4	»
204	Tamelier	8							»
205	Tétard (Armand)	43							1

NUMÉROS d'ordre.	NOMS DES EXPOSANTS.	CLASSES des 10 GROUPES.	ÉPOQUES de L'HISTOIRE DU TRAVAIL.	RÉCOMPENSES.					
				CROIX.	M. O. avec objet d'art.	M. O. ou 1er PRIX.	M. A. ou 2e PRIX.	M. B. ou 3e PRIX.	M. H.
206	Thayer		9.10						»
207	Thibierge	50							1
208	Thiébault (Victor)	65						1	»
209	Trotry-Latouche frères	91							1
210	Valée	84 à 88				2	1	1	»
211	Van-Acker	84 à 88				3	1		»
212	Vaudron (Auguste)	84 à 88					1		»
213	Vavin (E.)	84 à 88						1	»
214	Vigneau	84 à 88							1
215	Villemer (E.-V.)	7							»
216	Wagner (J.)	23							»
				2	5	54	78	79	54

RÉSUMÉ

RÉSUMÉ ET CONCLUSION.

En résumé, 216 Exposants appartenant au département de Seine-et-Oise, ont obtenu à l'Exposition universelle de 1867 :

2 Décorations de chevalier de la Légion-d'Honneur ;

5 Médailles d'or avec objet d'art ;

54 Médailles d'or ou premiers prix ;

78 Médailles d'argent ou deuxièmes prix ;

79 Médailles de bronze ou troisièmes prix ;

Et 54 Mentions honorables.

En somme : 272 récompenses !

Peu de départements de la France auront pris une part plus large et auront figuré d'une manière plus honorable à la splendide Exposition qui groupait à Paris les merveilles de l'intelligence et de l'industrie de tous les Peuples du globe : le département de Seine-et-Oise a donc le droit d'être fier de sa coopération et de ses brillants succès.

C'est ce résultat, aussi encourageant que flatteur, que le Comité d'organisation avait à cœur d'établir et de publier avant de clore sa mission.

TABLE DES MATIÈRES.

FIN DE LA TABLE.

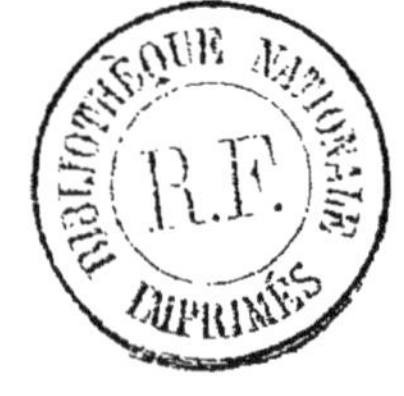

IMP. DE DUFAURE.

www.ingramcontent.com/pod-product-compliance
Ingram Content Group UK Ltd.
Pitfield, Milton Keynes, MK11 3LW, UK
UKHW022342090726
13658UKWH00001B/419